韓半島植民地支配の不法性
―大韓帝国中立宣言と「不法強占」―

アジェンダ・プロジェクト

はしがき

　日本政府（佐藤栄作首相）は、韓国併合条約について「対等の立場で、また自由意思でこの条約が締結された」として、大日本帝国による大韓帝国の植民地支配が合法だったという主張を正当化した（1965 年 11 月 5 日　第 50 回国会 衆議院 日本国と大韓民国との間の条約及び協定等に関する特別委員会）。これに対して、韓国政府は、両国間に締結された五つの旧条約を原初的に無効だったとして、日本政府の主張を一貫して否定し続けてきた。そのために、日韓基本関係条約（1965 年）第 2 条の解釈が日韓の間で正反対であるという困難な状況が継続してきた。

　そこで、旧条約の効力についての研究が必要になった。拙著『歴史認識と日韓「和解」への道』（日本評論社、2019 年）で、原初的無効論を正当とする研究が完成し、この問題は解決したものと考えていた。

　ところが、植民地支配の不法性について解明するためには、次の課題が待ち構えていることが分かったのである。

　2012 年、2018 年の韓国大法院判決は、日本による植民支配を「不法強占」として不法だったと評価した。これは韓国憲法上の判断だから、国際法上も同様の判断ができるかどうかの研究が必要になった。旧条約が原初的無効であるとしても、日本による大韓帝国領土の占領は、その当時の国際法上も、「不法強占」と言えるのだろうか？　この法的問題を解明する必要に迫られたのである。

　そこで、大日本帝国が大韓帝国に加えていた軍事行動＝戦争が国際法上も違法と評価されるのかどうかという法的な問題の検討が課題となると考えられた。

　これは歴史と法が交錯する分野であって、歴史家のみならず、法律家の関心事である。なぜこのような検討が必要になるのであろうか？

安重根義軍参謀中将が大日本帝国の軍事行動＝韓国戦争に抗して、大韓帝国の独立を守ろうと防衛戦争を戦って伊藤博文公爵を射殺したのは、1909年だった。この当時は、未だ国際連盟（1919年）も創設されておらず、不戦条約（1928年）も締結されていなかった。だから、「現行国際秩序を変革するために戦争に訴えることを非合法として非難することはなかった」（E.H.カー）と考えられていた時代だった。

　そうだとすると、大日本帝国による当時の韓国戦争（1904年2月から1945年8月）は、合法な軍事行動だったのであろうか？ それとも、大日本帝国軍は、韓半島を国際法上不法に強制占領したのだろうか？

　この問いに答えるためには、もう少し国際法の検討をする必要がある。というのは、「現行国際秩序を変革するために戦争に訴えることを非合法として非難することはなかった」とは言っても、あらゆる軍事行動が合法とされていたわけではなかったのである。

　安重根義軍参謀中将は、1910年の時点で行われた裁判の被告人本人の最終弁論で、戦争なのだから、「国際公法、万国公法」で裁いてほしいと主張していた。その当時であっても、戦争に際してあらゆる軍事行動が合法とされたわけではなかった。「万国公法」とされているのは、国際公法であって、平時国際法と戦時国際法とに分けて認識されていた。戦時国際法に違反すれば、そのような戦争＝軍事行動は国際法違反で違法行為であるとされていた。だからこそ、安重根義軍参謀中将は、自らの行為が戦時国際法違反であれば、それを理由に処刑されても受け入れると主張していたのである。

　戦時国際法を条約によって成文化したのは、二回のハーグ平和会議（1899年、1907年）だった。この会議は主として慣習国際法であった戦時国際法を成文化したのであって、それ以前から戦時国際法については、欧米の国際法学者による研究が発展していた。日本の国際法学者は、欧米の学者による国際法研究の成果を翻訳し、詳細に戦時国際法を研究していた。

　安重根義軍参謀中将裁判では、検察官も日本人の弁護人も裁判所も一切こ

れに触れなかった。しかし、安重根義軍参謀中将は、戦時国際法をよく認識していて、義軍活動に際して実践もしていた。裁判でも前記の通り、これを主要な主張として援用していた。

そうであるとするなら、戦時国際法違反を問われるのは、安重根義軍参謀中将だけではない。大韓帝国に対して戦争を起こしていた当の大日本帝国による戦争＝軍事行動が戦時国際法違反であったのかどうかが問題になり得るのは当然のことである。

本書第2章で検討した通り、大韓帝国は、1904年1月21日局外中立を宣言していた。大日本帝国軍の大軍が局外中立国となった大韓帝国の領土を侵したことは、重大な戦時国際法（中立国領土の不可侵原則）違反の問題となり得るのである。

大韓帝国の局外中立宣言については、なぜかこれまで十分な研究がされてこなかった。それはなぜなのだろうか。日韓の間で旧条約の効力に集中した論争が長く続いたため、その先の問題の存在が意識され難かったからではないだろうか。筆者の場合も、旧条約の効力に関する研究が完成したと考えるようになってから、はじめて局外中立宣言に注目するようになったのである。

本書は、このような問題状況に答えようとしている。

なお、本書で「朝鮮半島」ではなく、「韓半島」を使っているのは、大日本帝国が植民地支配に踏み切ったときの被害国が大韓帝国（韓国）だったからである。

2024年3月26日（安重根義軍参謀中将の処刑114周年の日）
さいたま市見沼区の自宅にて
弁護士　戸塚悦朗

目　次

iv

第1章

2018年韓国大法院判決と2023年日韓首脳会談

はじめに

　尹錫悦（ユン・ソンニョル）政権が戦時強制動員被害者による強制執行を避けるため韓国内の財団による肩代わり政策を「解決策」として提案したことから、2023年3月16日岸田・尹日韓首脳会談が開催されることになった。

　それでは、日韓の間の懸案、とりわけ日本による韓半島植民地支配の不法性の問題は解決したのであろうか。残念ながら、韓国内で尹大統領の政策は被害者全体が受け入れる成果を生まなかった。政権は、厳しい批判にさらされていて、解決には程遠い。私たちは、今後この問題にどのように取り組むことができるのだろうか。

第1. なぜ、2023年日韓首脳会談は、強制動員問題を解決できなかったのか？

1. 2018年10月韓国大法院判決は日韓和解の好機だった

　韓国大法院は、2018年10月30日「日本による植民支配の不法性」を理由にして戦時強制動員被害者を勝訴させる画期的な判決を言い渡した。これは、日韓和解の好機だった。しかし、安倍政権はこの判決を1965年日韓請求権協定に違反すると非難し、逆に日韓関係を悪化させてしまった。大法院判決による確定判決の加害企業に対する強制執行は韓国の内政問題である。しかし、それを阻止するために韓国に対して経済制裁まで加え、日韓関係を極限まで悪化させた。日本による隣国への内政干渉は、明治時代に李朝朝鮮・大韓帝国の内政問題を理由に、軍事力を背景にして度重なる「改革」要求を繰り返し、ついには保護国化・併合するに至った過程を髣髴とさせた。

筆者は、日本がこの判決を受け容れて、植民地支配の不法性の問題に真摯に向き合ったなら、日韓の間に根深く居座り続けてきた植民地支配責任の問題を解決し、日韓の和解への道を拓く好機ではないかと考え、著書によって日本社会に訴えた[1]。しかし、植民地支配の不法性についてのタブーを破ろうとするこの試みは成功しなかった。日本政府も、世論も、この問題については沈黙を続けたのである。

　日韓の和解の機会を遠ざけてきた安倍政権の対応に対して、2020年1月6日「強制動員問題の正しい解決を望む韓日関係者一同」は、「強制動員問題の真の解決に向けた協議を呼びかけます」という呼びかけ[2]（資料1）を発表して、解決のための対話を提案した。

　しかし、残念ながら、日本政府も関係企業もこの呼びかけにも応えなかった。

　このような状況の下で、韓国で大統領選挙（2022年3月9日）が実施され、対日関係の改善を公約した尹錫悦大統領が当選した。このような経過から、尹政権は、日本政府の要求をまる呑みして、冒頭で述べた「解決策」の提案に至ったのである。

2．2023年3月16日韓首脳は、何を合意したのか

　尹政権の解決案は2023年3月6日公表され、NHKは「韓国政府「徴用」問題の解決策を発表　韓国の財団が支払いへ」と速報[3]した（資料2）。大法院で確定した事件の被害者に対して加害企業に代わって韓国の政府系財団が肩代わりして債務を支払うことによって解決するというのである。

---

[1] 戸塚悦朗『日韓関係の危機をどう乗り越えるか？──植民地支配責任のとりかた』アジェンダ・プロジェクト、2021年。
[2] 「強制動員問題の真の解決に向けた協議を呼びかけます」
　http://justice.skr.jp/appeal.pdf　2023年5月14日閲覧。
[3] NHK「韓国政府「徴用」問題の解決策を発表　韓国の財団が支払いへ」2023年3月6日18時47分
　https://www3.nhk.or.jp/news/html/20230306/k10013999491000.html　2023年5月14日閲覧。

　これを受けて、日本の外務大臣は、同日付で、これを肯定的に評価し、以下のようなコメントを公表した[4]（資料 3）。

　　「この機会に、日本政府は、1998 年 10 月に発表された「日韓共同宣言」を含め、歴史認識に関する歴代内閣の立場を全体として引き継いでいることを確認する。日本政府として、1965 年の国交正常化以来築いてきた友好協力関係の基盤に基づき、日韓関係を健全な形で更に発展させていくために韓国側と引き続き緊密に協力していく。

　　今回の発表を契機とし、措置の実施と共に、日韓の政治・経済・文化等の分野における交流が力強く拡大していくことを期待する。」

　次いで、外務省は、3 月 9 日以下のように、日韓首脳会談が日本で行われると予告した。

　　「3 月 16 日から 17 日まで、韓国の尹錫悦（ユン・ソンニョル）大統領及び同令夫人が我が国を実務訪問賓客として訪日する予定です。滞在中、岸田文雄内閣総理大臣は尹大統領と会談し、夕食会を実施する予定です。韓国は、国際社会における様々な課題への対応に協力していくべき重要な隣国です。今回の訪日を通じて、国交正常化以来の友好協力関係に基づき、日韓関係が更に発展することを期待いたします」[5]。

　外務省の HP によれば、予定通り、3 月 16 日午後日韓首脳会談が行われ、

---

[4] 外務省 HP　旧朝鮮半島出身労働者問題に関する韓国政府の発表を受けた林外務大臣によるコメント　2023 年 3 月 6 日　　https://www.mofa.go.jp/mofaj/a_o/na/kr/page1_001524.html　2023 年 5 月 14 日閲覧。
[5] 外務省「尹錫悦（ユン・ソンニョル）韓国大統領夫妻の訪日について」2023 年 3 月 9 日　https://www.mofa.go.jp/mofaj/area/korea/index.html　2023 年 5 月 14 日閲覧。

その概要は以下の通りである[6]（資料 4）。

　　　「3 月 16 日午後 4 時 50 分から計約 1 時間 25 分間、岸田文雄内閣総理大臣は、訪日中の尹錫悦（ユン・ソンニョル）韓国大統領と日韓首脳会談を行ったところ、概要は以下のとおりです（少人数会合：午後 4 時 50 分から約 25 分間、全体会合：午後 5 時 15 分から約 60 分間）[7]。

　　　冒頭、岸田総理大臣から、今般の尹大統領の訪日を心から歓迎する、本日、将来に向けて日韓関係の新たな章を共に開く機会が訪れたことを嬉しく思うと述べました。両首脳は、現下の戦略環境の中で日韓関係の強化は急務であり、国交正常化以来の友好協力関係の基盤に基づき、関係を更に発展させていくことで一致しました。

　　　両首脳は、両国の首脳が形式にとらわれず頻繁に訪問する「シャトル外交」の再開で一致しました。

　　　旧朝鮮半島出身労働者問題に関し、率直な意見交換を行い、岸田総理大臣から、6 日に日本政府が発表した立場に沿って発言しました。

　　　両首脳は、日韓両国が共に裨益するような協力を進めるべく、政治・経済・文化など多岐にわたる分野で政府間の意思疎通を活性化していくこととし、具体的には、まずは日韓安全保障対話及び日韓次官戦略対話を早期に再開すること、またハイレベルの日韓中プロセスを早期に再起動する重要性について一致しました。また、両首脳は、サプライチェーンの強靭化や機微技術流出対策など、日韓両国が共に直面する課題を解決するため、日韓間で経済安全保障に関する協議を立ち上げることで一致しました。さらに、輸出管理分野においても進展があったことを歓迎しました。・・・」

---

[6] 日韓首脳会談外務省 https://www.mofa.go.jp/mofaj/a_o/na/kr/page1_001529.html
　 2023 年 5 月 14 日閲覧。
[7] 日韓首脳会談外務省 https://www.mofa.go.jp/mofaj/a_o/na/kr/page1_001529.html
　 2023 年 5 月 14 日閲覧。

　しかし、日本政府による戦時強制労働についての事実の承認もなく、被害者に対する謝罪の言葉も一切なかった。

3．2023 年 3 月 16 日の日韓首脳会談をどう評価するか
厳しい韓国側の評価

　被害者（代位弁済を明確に拒否する被害者が無くても問題は残る）とその支援者だけではなく、大韓弁護士協会、最大野党をはじめ多くのメディアが韓国政府による解決策（韓国政府系の財団が日本企業の債務を肩代わりして代位弁済するというもの）を厳しく批判している。この強硬な尹政権批判は、韓国を分断し、次の大統領選まで続くと危惧される。

　中でも最も注目すべきなのは、2023 年 3 月 7 日韓国の国家ヒューマンライツ委員会宋斗煥委員長が「日本による強制動員被害者への賠償に関する政府発表に対する国家ヒューマンライツ委員会委員長の声明──ヒューマンライツ侵害行為に対する認定と謝罪を含む賠償責任を果たすべき」という声明 8（資料 5）を発表していることである。前日に公表された政府の「解決策」を厳しく批判しているこの声明の説得力ある論理がどのようなものかについて、詳しく検討してみよう。

　① 　国家ヒューマンライツ委員会（委員長宋斗煥）は、冒頭で、

　　　日帝強占期の日本企業の強制動員による被害を賠償する問題に関する政府の発表に深い憂慮を表します。また、韓日両政府及び責任のある日本企業に対し、必要な措置をとるよう要請し、以下のように声明を発表します。

と政府発表に「深い憂慮」を表している。また、「日本企業の強制労働による

---

8 日本 강제동원 피해자 배상 관련 정부 발표에 대한 국가인권위원회 위원장 성명
　담당부서 : 홍보협력과 등록일 : 2023·03·07
　https://www.humanrights.go.kr/base/board/read?boardManagementNo=24&boardNo=7608888&menuLevel=3&menuNo=91　visited on 6/5/2023.

被害」について、「日帝強占期」という修飾語をかぶせていることに注目すべきである。これは、日本による「強占」、すなわち「不法な植民支配」という2018年大法院判決による判断を踏まえていることを示している。そして、結論として、「韓日両政府及び責任のある日本企業に対し、必要な措置をとるよう要請し」ている。

　　② 次いで、国家ヒューマンライツ委員会（委員長宋斗煥）は、

　　　外交部は2023年3月6日、強制動員被害者たちに対する日本企業の賠償責任について、日帝強制動員被害者支援財団が、国内企業16社の出捐資金を活用して被害者たちに賠償する(「第三者弁済」)を行う計画を発表しました。政府の発表後、強制動員被害者と遺族の中には、加害者の謝罪や賠償への参加なしに第三者による弁済は屈辱的であるとして抗議しています。

と述べ、政府の「第三者弁済」計画に対して、強制動員被害者と遺族の中には、「加害者の謝罪や賠償への参加なしに第三者による弁済は屈辱的であるとして抗議してい」る人たちがいることを指摘している。

　　③ 次いで、国家ヒューマンライツ委員会（委員長宋斗煥）は、

　　　大法院は2018年、強制動員被害者たちの慰謝料請求権が1965年の韓日請求権協定の対象外であり、責任ある日本企業は慰謝料を賠償すべきとの判決を下しました。しかし、日本政府は、強制動員被害者への賠償問題が韓日請求権協定によって解決されたと繰り返し主張しており、当該の日本企業も賠償金支払いを拒否しています。

と述べ、2018年大法院が、「強制動員被害者たちの慰謝料請求権が1965年の韓日請求権協定の対象外であ」ると判決し、その判断が確定したことによって、「責任ある日本企業は慰謝料を賠償すべき」であることが法的に定まっ

たことを強調している[9]。にもかかわらず、「日本政府は、強制動員被害者への賠償問題が韓日請求権協定によって解決されたと繰り返し主張しており」、また「当該の日本企業も賠償金支払いを拒否して」いることを確認している。

④　次いで、国家ヒューマンライツ委員会（委員長宋斗煥）は、

> 強制動員被害の賠償問題は、単に金銭的な債権・債務の問題ではありません。それは、ヒューマンライツ侵害事実の認定と謝罪を通じて、被害者の尊厳を回復することに関する問題です。日本企業と日本政府が、日帝強占期の強制動員などの違法行為を認め、被害者とその家族に謝罪することは、被害回復と和解、韓日両国の未来志向的協力関係の確立のために不可欠です。

と、「強制動員被害の賠償問題」は、「単に金銭的な債権・債務の問題」ではないことを確認していることは極めて重要である。これが、この声明の核心部分である。つまり、代位弁済で金銭が支払われただけでは賠償は終わらないのである。

では何が必要なのか？　それについて、「ヒューマンライツ侵害事実の認定と謝罪を通じて、被害者の尊厳を回復することに関する問題」だとしている。つまり、「ヒューマンライツ侵害の事実の認定」及び「謝罪」がなされなければならないのである。これは、加害者が行わなければならず、韓国政府系の財団によって、「代位認定」もできなければ、「代位謝罪」もできないのである。そうでなければ、「被害者の尊厳を回復することに関する問題」は解決しないのである。あまりにも当然のことだが、「日本企業と日本政府が、日帝強占期の強制動員などの違法行為を認め、被害者とその家族に謝罪することは、

---

[9] 金昌禄『韓国大法院強制動員判決、核心は「不法強占」である』参照。著者が2022年8月に韓国の知識産業社を通じて出版した「大法院の強制動員判決、核心は『不法強占』である」を日本語に翻訳し、「法律事務所の資料棚アーカイブ」に掲載したものである。
http://justice.skr.jp/documents/nocciolo.pdf　2023年5月14日閲覧。

被害回復と和解、韓日両国の未来志向的協力関係の確立のために不可欠」であることが明確にされている。

⑤　次いで、国家ヒューマンライツ委員会（委員長宋斗煥）は、

しかし、残念ながらここ数年間、日本政府と企業のこの問題に関する発言や行動は、ヒューマンライツ侵害行為の深刻さを認識して責任を取る態度としてふさわしくありませんでした。韓日両国間の財政的債権及び債務関係を政治的合意により解決するために締結された日韓請求権協定によって、被害者個人に対する賠償問題が解決されたと主張することは極めて不適切です。

⑥　この核心的判断の法的根拠について、国家ヒューマンライツ委員会（委員長宋斗煥）は、

国連総会が 2005 年に採択した「国際ヒューマンライツ法の重大な違反行為と国際人道法の重大な違反行為の被害者救済に対する権利に関する基本原則と指針」によれば、賠償には“事実の認定と責任の承認を含む正式な謝罪”、“被害者の記念及び追悼”、“あらゆるレベルの教育で違反行為に対する正確な説明”が含まれなければなりません。国連拷問等禁止委員会も 2012 年の上記ガイドラインに基づき、一般意見第 3 号で被害者が救済過程に参加することが、被害者の尊厳を回復するために重要であるとし、“被害者中心のアプローチ”を強調しました。

と、国際ヒューマンライツ法上の根拠について説明している。その一つは、国連総会が 2005 年に採択した「国際ヒューマンライツ法の重大な違反行為と国際人道法の重大な違反行為の被害者救済に対する権利に関する基本原則と指針」であり、この基本原則と指針は、「賠償には“事実の認定と責任の承認を含む正式な謝罪”、“被害者の記念及び追悼”、“あらゆるレベルの教育で違反行為に対する正確な説明”が含まれなければ」ならないと定めていることで

ある。

　もう一つは、「国連拷問等禁止委員会も 2012 年の上記ガイドラインに基づき、一般意見第 3 号で被害者が救済過程に参加することが、被害者の尊厳を回復するために重要であるとし、"被害者中心のアプローチ"を強調し」たことである。

　⑦　次いで、国家ヒューマンライツ委員会（委員長宋斗煥）は、

　　　我が国政府がこの問題の解決のために関心を持って努力することは望ましいが、ヒューマンライツ侵害行為に対する加害者からの承認と謝罪なしに、さらには第三者への弁済を通じて、賠償問題が解決されたと評価することは非常に憂慮されることです。強制動員の被害者が同意しない方法での賠償は、国際ヒューマンライツ基準が強調する被害者中心のアプローチに反することでもあります。

と述べ、韓国政府が、「ヒューマンライツ侵害行為に対する加害者からの承認と謝罪なしに、さらには第三者への弁済を通じて」、「賠償問題が解決されたと評価すること」は「非常に憂慮される」ことであって、解決とはみなしがたいとし、加えて、「強制動員の被害者が同意しない方法での賠償は、国際ヒューマンライツ基準が強調する被害者中心のアプローチに反する」ともしている。

　⑧　結論として、国家ヒューマンライツ委員会（委員長宋斗煥）は、

　　　強制動員の被害者に対する賠償問題は、人間の尊厳を回復するための重要な問題であり、すべての対策は、被害者が被った情緒的・心理的被害を考慮しなければなりません。韓日両国政府及び責任ある日本企業が、被害者中心に賠償問題を解決するよう要請し、韓国政府は強制動員の被害者が責任ある日本企業及び日本政府から当然のこととして受けるべき認定と謝罪を受けられるよう引き続き努力することを要請します。

と述べた。結論としての原則的な判断としては、「強制動員の被害者に対する賠償問題は、人間の尊厳を回復するための重要な問題であり、すべての対策は、被害者が被った情緒的・心理的被害を考慮しなければな」らないということである。

したがって、韓国と日本の両政府と加害企業に対しては、「韓日両国政府及び責任ある日本企業が、被害者中心に賠償問題を解決するよう要請し」、且つ、韓国政府に対しては、「韓国政府は強制動員の被害者が責任ある日本企業及び日本政府から当然のこととして受けるべき認定と謝罪を受けられるよう引き続き努力することを要請」するとされているのである。

筆者の評価

筆者は、コリアンワールド紙（2023年5月号）の要請で評価[10]を送ったの

---

[10] 尹＝岸田首脳会談で日韓関係が改善された。シャトル外交が復活するし、多方面の協力も交流も盛んになることが期待できる。大変喜ばしい。

ただ、手放しでは歓迎できない。

今回の首脳会談は、尹大統領の政治決断で、日本政府の要求をほぼ丸呑みして実現した。外交は双方が譲歩しなければ成果が上がらない。課題だった強制労働被害者問題は日本側の協力がなく、被害者側全体が受け入れる解決策が出されなかった。2018年の韓国大法院判決が植民支配の不法性を認め、65年請求権協定で未解決の慰謝料の支払いを日本の企業に対して命じた判決が確定した。韓国側でこの日本企業の債務を肩代わりする財団を準備するが、日本の加害企業も政府も財団に貢献しない。日本政府の過去の認識や謝罪を継承すると言っても、何を承継したのか、岸田首相自身の認識も謝罪もはっきりしない。

被害者が起こした訴訟で、韓国の最終審による判決が確定しているのだから、被告企業は支払いをしなければならない。被害者のヒューマンライツ侵害に対する慰謝料だから加害企業が支払わなければ意味がない。財団が肩代わりできる債務ではない。被害者が肩代わりを拒否して強制執行を進めれば、それを日本が邪魔する筋合いではない。

日本側では日韓の間で何が障害になっているのかよく理解できていない。それが混乱の原因ではないか。問題の核心には、憲法が保障する人権と国際法が保障するヒューマンライツが違う概念だというところにある。『外国人のヒューマンライツ』（日本評論社、2023年3月）でこの違いを論じた。韓国は民主化の激流のなかでヒューマンライツを受け容れたが、日本は、未だにヒューマンライツを受け容れることができていない。その結果、日韓にはヒューマンライツ格差が原因となって、紛争が常に吹き上ってくる。

で、注記しておく。この評価は、前記韓国国家ヒューマンライツ委員会委員長声明を読む前に執筆されたが、くしくも委員長声明と軌を一にしている。憲法が保障する人権と国際法が保障するヒューマンライツが違う概念だという命題が理解できないと、国家ヒューマンライツ委員会委員長声明（後者に全面的に依拠している）を理解することは困難ではないだろうか。

「植民地主義継続の表れ」を指摘した日本の市民社会による声明

　日本の市民社会からもいくつかの意見が述べられたが、その代表的なものとして、筆者も声明発出者（24 名）の一人として参加した 2023 年 3 月 30 日付声明「韓国政府『解決策』と日韓首脳会談に関する声明」（資料 6）を挙げておきたい。4 月 14 日（2 時）に発表されたこの声明には、当日までに 301 団体・個人（うち団体 14）の賛同が集まったことが賛同者氏名を含めて後記「共同行動」HP に掲載された[11]。植民地支配をした日本の市民社会からの発信であることを考えると、その内容は今の日本の人々にとって極めて重要だと思われる。

　当日は、声明発出者の代表が衆議院第 2 議員会館内の会議室で記者会見を行った。矢野秀喜氏（強制動員問題解決と過去清算のための共同行動）の司会で、足立修一氏（弁護士）、宇都宮健児氏（元日弁連会長）、高橋哲哉氏（東京大学名誉教授）、中沢けい氏（小説家）、張界満氏（弁護士）、高橋信氏（名古屋三菱朝鮮女子勤労挺身隊訴訟を支援する会・共同代表）がそれぞれの立場から発言した。この記者会見の内容は、声明の意味するところを理解するために有益なので、特筆しておきたい。

　その解消のためには、日本側が人権とヒューマンライツの違いをまず認識し直す必要がある。そのうえで、日韓の間でヒューマンライツをめぐる紛争を解決する「日韓ヒューマンライツ裁判所」（龍谷法学 54 巻 2 号拙著論文を参照されたい）を設置することができれば、この格差問題を解決することができるだろう。
[11] 強制動員問題解決と過去清算のための共同行動 HP
　https://181030.jimdofree.com/%E5%A3%B0%E6%98%8E/　2023 年 5 月 4 日閲覧。

●冒頭、声明の原案を起草した足立修一氏（弁護士）が説明したが、声明の全文を資料6として本書に収載したので、読者にはそれを熟読して頂けるよう要請したい。

●宇都宮健児氏（元日弁連会長）は、2010年12月11日に大韓弁護士協会金平祐会長との間で、「日本弁護士連合会と大韓弁護士協会の共同宣言」[12]を締結したこと、この共同宣言が日弁連のHPに掲載されていることを紹介した。日弁連は、この共同宣言に基づいて、大韓弁協とともに強制動員による被害を含む諸課題について、法的問題と解決策を検討してきたことを指摘し、日弁連のHPに共同宣言が掲載されていることを強調した。

　筆者が注目したのは、この共同宣言第1条が、「われわれは，韓国併合条約締結から100年を経たにもかかわらず，日韓両国及び両国民が，韓国併合の過程や韓国併合条約の効力についての認識を共有していない状況の下で，過

---

[12] 「日本弁護士連合会と大韓弁護士協会の共同宣言」日弁連HP
https://www.nichibenren.or.jp/library/ja/opinion/report/data/101211.pdf　2023年5月4日閲覧。「日本弁護士連合会（日弁連）と大韓弁護士協会（大韓弁協）は、2010年6月21日にソウルで開催された共同シンポジウムにおいて、日本国による植民地支配下での韓国民に対する人権侵害、特にアジア太平洋戦争時の人権侵害による被害が、日韓両国政府によって十分に回復されないまま放置されていることに対し、両弁護士会が協働してその被害回復に取り組むことの重要性を確認した。
　日弁連と大韓弁協は、現実的課題として、先ず日本軍「慰安婦」問題に対する立法化とその実現に向けた取組が必要であるとの認識を共有化するとともに、1965年日韓請求権協定において未解決とされている強制動員による被害を含む諸課題について、法的問題と解決策を検討することとした。
　日弁連と大韓弁協は、上記のシンポジウムとその後の検討及び本日東京で開催された共同シンポジウムの成果を踏まえ、アジア太平洋戦争時の韓国民に対する人権侵害による被害の回復を求めて、以下のとおり宣言する。
1　われわれは、韓国併合条約締結から100年を経たにもかかわらず、日韓両国及び両国民が、韓国併合の過程や韓国併合条約の効力についての認識を共有していない状況の下で、過去の歴史的事実の認識の共有に向けた努力を通じて、日韓両国及び両国民の相互理解と相互信頼が深まることが、未来に向けて良好な日韓関係を築くための礎であることを確認する。・・・・・」

去の歴史的事実の認識の共有に向けた努力を通じて，日韓両国及び両国民の相互理解と相互信頼が深まることが，未来に向けて良好な日韓関係を築くための礎であることを確認する。」と定めていることである。

① 「日韓両国及び両国民が，韓国併合の過程や韓国併合条約の効力についての認識を共有していない状況」こそが良好な日韓関係を阻害していること、

② 「過去の歴史的事実の認識の共有に向けた努力を通じて，日韓両国及び両国民の相互理解と相互信頼が深まること」、

③ この 2 点が、「未来に向けて良好な日韓関係を築くための礎であること」を日韓の弁護士会が確認したのである。

このような認識を日韓の弁護士会を越えて、日韓の社会が共有することが望まれる。

●高橋哲哉氏（東京大学名誉教授）は、哲学者の立場から、「今回の日韓首脳会談では、岸田首相は自らの言葉で謝罪していない。謝罪は必要条件である。何度でも繰り返さなければならない。」と述べ、「終わりなき歴史責任――欧州の現在と日本（下）」という論文[13]を配布して、その内容を紹介した。

この論文は、きわめて重要な視点を提示しているので、その要点を紹介しておきたい。

保守政治家の間には、植民地支配について謝罪しているのは日本だけであって、他国は日本のような「謝罪外交」などしていないと主張する人たちがいる。しかし、高橋氏は、このような主張を批判して、「1990 年代以降、植民地支配を正当化することはますます難しくなっており、旧宗主国の「謝罪」の例も一つ二つにとどまらない」と事実をもって反論している。

---

[13] 高橋哲哉「終わりなき歴史責任――欧州の現在と日本（下）」『世界』2022 年 11 月、120·131 頁。

その背景にある国際社会の動向として高橋氏が挙げているのは、第 1 に、2001 年に国連によって開催された「人種主義・人種差別・外国人排斥および関連する不寛容に関する世界会議」が採択した「ダーバン宣言」である。第 2 に、欧州議会は、2019 年 3 月 26 日「欧州におけるアフリカ系市民の基本的権利に関する決議」を採択している。

　次いで、高橋氏は、欧州諸国による植民地支配及び植民地支配下での残虐行為などに関する「謝罪外交」の典型的な事例を挙げている。オランダ、ベルギー、イタリア、イギリス、ドイツ、フランスの謝罪の事例は、具体的で説得力がある。

●中沢けい氏は、以下のようないくつかの重要な指摘をした。

　大法院判決のような外国の司法に口をはさんでよいのかという問題がある。また、韓国では解決策を受け容れない被害者がいる。

　日本は誠意ある応答をしているのだろうか。日本にはそれを妨害する勢力がある。1965 年日韓基本条約締結のときには、植民地支配については謝罪していない。

　植民地支配下の強制労働の存在を認めて欲しい。ところが、逆に、「記念碑の説明を削除しろ」とか、「記念碑を撤去しろ」というような要求が出されている。京都のウトロ記念館のような事例もある。それを知れば、日本にとって有益であることが分かるだろう。中国人強制労働被害者の場合は、慰霊碑が設置されている。なぜ韓国人の場合はできないのか。

●張界満氏は、在日韓国人である弁護士の立場から、謝罪にはどのような意義があるのかについて述べた。

　公的な側面からみると、金銭賠償が肩代わりで支払われた場合、加害者を許せるだろうか。それでは、被害者の気持ちを慰藉するものにはならない。被害者に受け入れられるものでなくてはならない。世界がどう考えるだろうかも考えるべきである。

　張氏は、民団に代表される在日韓国人社会としては、どのような事情があろうと日韓の間の紛争はできる限り早く収束して欲しいと希望せざるを得ないという困難な状況にあるという点にも言及した。

●高橋信氏は、名古屋三菱朝鮮女子勤労挺身隊訴訟を支援する会・共同代表として三菱との間で長年交渉してきた立場から発言した。

　　被害者たちは閣議決定に基づいて労務動員された。ある中学生は、「働きながら勉強できる。2 年で卒業できるから親孝行になる」などとだまされて動員された。日本が敗戦後帰国した被害者たちは、給料をもらっていなかったが、「帰ったら給料を送ってやる」と言われていたので、ずっと郵便を待っていたと言う。

　　財団の資金であるコップの水は半分しか入っていない。「日本政府と三菱が半分の水を入れるべき」だ。などと日本側の貢献を求めた。

●声明発出人の一人である外村大氏（東京大学大学院総合文化研究科教授）は、当日出席しなかったが、その見解「日本政府は強制動員の歴史的事実を認めるべきだ」が配布された。外村氏のこの見解は、「「徴用工」問題を考えるために――混乱したギロンを片付けたい！」というウェブサイト[14]内の「リレーコラム」[15]に 2023 年 4 月 5 日掲載された。

　このウェブサイト全体も、混乱した議論を整理し、歴史認識を深めるために役立つが、外村氏の見解は、現段階の問題点をわかりやすく提示している。読者には全文を精読することを薦めたい。

　日本の植民地支配を受けていた戦時の朝鮮半島で、強制動員があったのか

---

[14]　「「徴用工」問題を考えるために――混乱したギロンを片付けたい！」の HP
　https://katazuketai.jp/index.html　2023 年 5 月 5 日閲覧。
[15]　外村大氏（東京大学大学院総合文化研究科教授）著「日本政府は強制動員の歴史的
　事実を認めるべきだ」　https://note.com/soundofwaves/n/n9179d366412a
　2023 年 5 月 5 日閲覧。

なかったのかについて保守派による議論が混乱を起こしている。都合の悪い史料や情報には触れない日本政府の言辞によって、混乱はさらに深まっている。このような状況下で、外村氏は、「強制労働はあったし、それは日本帝国政府の政策として行われていたという、歴史研究者や法律家であれば誰も否定しない事実を日本政府が明言すればいいだけである。」と薦める。

外村氏は、「そもそも、自らの政策によって酷い人権侵害が起きたことに対して謝罪しない政府を持つ国民、つまり日本人こそ不幸である。ついでに言えば、自国政府が、自らが行って来たことについて場当たり的に支離滅裂な説明に終始し、何が史実か分からない状態を作り出す、都合の悪い行政文書は触れない、説明しない、という態度をそのままにしておいた場合、いいことは一つもない。

そうした自国政府の態度を改めさせることは、日本国民にとって損ではなく利益につながる。日本国民は、自分たちの置かれた不幸な状態から脱却するために、日本政府に対して、強制労働の史実、それについての日本帝国政府の責任認定、そのうえでの謝罪を、強く求めていくべきだろう。」と言う。

筆者は、上記した声明及び発出人の発言・見解を強く支持したい。この声明の最も重要なポイントは、日本政府の姿勢を「植民地主義継続の表れ」と指摘した点だと考える。これは、これまで日本の市民社会からあまり指摘されてこなかった。なぜ「植民地主義継続の表れ」と言えるのだろうか。

大法院判決による確定判決の加害企業に対する強制執行は韓国の司法と言う内政問題である。その司法作用に干渉して、強制執行を阻止するために経済制裁まで加えた。隣国の内政干渉によって尹政権に対して、財団による肩代わり政策という「解決策」を強いたことになる。明治政府は李朝朝鮮・大韓帝国を独立国として尊重せず、その内政問題に対してほしいままに干渉した。現在の日本政府の行為は、かって軍事力を背景にして度重なる「改革」要求を繰り返して内政干渉し、ついには保護国化し、併合するに至った歴史を髣髴とさせる。

以下に掲げた声明の後半の植民地支配問題に関する部分を熟読すれば、その問題性をより明確に理解できるであろう。

　ところが日中間の問題では当事者間の解決を妨げなかった日本政府が、韓国の被害者との問題では企業が自発的な解決をすることに介入し、妨害しています。これは、日本政府の韓国に対する植民地主義継続の表れと言うほかありません。

　国連総会は 1960 年 12 月 14 日、「植民地と人民に独立を付与する宣言」を採択しました（決議 1514（XV））。同宣言は、「外国による人民の征服、支配および搾取は基本的人権を否認するもので、国連憲章に違反し、世界平和と協力の促進にとっての障害である」と述べました。2001 年のダーバン宣言は、「植民地主義によって苦痛がもたらされ、植民地主義が起きたところはどこであれ、いつであれ、非難され、その再発は防止されねばならない」ことを確認しました。

　今日の国際社会では、植民地主義は誤ったものであり、克服されなければならないものと認識されているのです。ところが今回、日本政府の取っている対応は、朝鮮半島を植民地支配したことを現時点でも正当なものであったことを前提とするものであり、韓国国民の尊厳をも損なっています。強制連行・強制労働の被害者、そして植民地支配の被害者である韓国国民、彼らの尊厳を損なうような「解決」はあり得ません。「被害者不在では解決にならない」のです。

　日本が韓国との関係を改善していくためには、過去の植民地支配が正当であったとの歴史認識を改め、韓国人の被害者の尊厳を損なわない解決を目指すべきです。

　独立国である隣国に対して植民地のように接することはやめなければならないのである。

金泳鍋名誉教授インタビュー

　韓国の識者の評価として金泳鍋（キム・ヨンホ）名誉教授の評価を挙げてみたい。金名誉教授は、金大中政権時代の 2000 年には、産業資源省長官を務め、韓国の民主化後の政治に深く貢献した元老的な経済学者である。その

後も柳韓大学総長、韓国学中央研究所研究員と成均館大学碩座教授を務めたほか、東北アジア平和センター理事長、韓国社会責任投資フォーラム理事長などを務め、最先端の国際的な共同研究も推進してきた。「市民連帯によるシビルアジア（Civil Asia）」を粘り強く模索している。

　筆者は、金名誉教授に招かれて、2016年10月にコロンビア大学で開催された「サンフランシスコ・システムを越えて」という国際学術会議[16]に参加して以来、東北アジア平和センターの主催する国際共同研究に参加してきた。

　2022年11月18日ソウルでの筆者の講演会の際に同名誉教授との間でごく簡単な意見交換の機会があったが、「尹政権下で日韓関係が、1998年共同宣言まで後退してしまうのではないか。その後の成果が無になってしまう」とひどく心配しておられた。同名誉教授は、市民メディアである『タンポポ』編集者とのインタビュー[17]（3月9日）で2023年3月6日に尹政権が発表した強制動員被害者への賠償問題「解決策」に対する考えについての評価を詳しく述べている。岸田尹日韓首脳会談の突破口になった「解決策」について大変鋭い分析であり、ここで紹介しておきたい。インタビューの要旨は以下のとおりである。

---

[16] "Beyond the "San Francisco System": Seeking a Peace Regime in East Asia,", Academic Conference on Friday, October 28, 2016, The 15th floor of the International Affairs Building, Department of History, Columbia University, U.S.A.. その後の一連の国際会議にも招かれて参加したが国際共同研究の成果は、2022年韓国で샌프란시스코 체제를 넘어서동아시아 냉전과 식민지·전쟁범죄의 청산（김영호 외 지음 1 메디치미디어）として出版され、ハンギョレ新聞の今年の本10冊に入った。[2022년 한겨레 '올해의 책'] https://www.hani.co.kr/arti/culture/book/1072853.html　2023年5月19日閲覧。

[17] 同名誉教授のインタビューの日本語翻訳を入手することができた。≪仮訳≫韓国市民メディア「ミンドゥルレ（たんぽぽ）」2023年3月13日　☆金泳鎬（キム・ヨンホ）東北アジア平和センター理事長インタビュー　☆「強制動員解決法、過去から抜け出そうとして、逆にもっと閉じ込められた」〔入力 2023.03.11 09:00／修正 2023.03.13 09:05〕訳　李洋秀、小田川興。同インタビューの韓国語原文URLは、以下の通りである。https://www.mindlenews.com/news/articleView.html?idxno=2082　2023年5月15日閲覧。

　3.1 運動と上海臨時政府が主張して韓国憲法に反映された日帝による植民地統治の不法論が、韓日知識人共同宣言－菅直人談話－大法院の強制動員被害者賠償判決で結実した「功績の塔」、それが今回政府の措置でガラガラ崩れる格好になった。今回の外交措置は司法府に対するクーデターであり、日本の安倍反動史観に対する歴史的屈従で、韓日間の 1965 年体制を克服しようとする、これまで半世紀の民主的な努力に冷や水を浴びせるもので、韓国憲法の精神は地に墜ちた。

　「今回の外交措置は司法府に対するクーデターであり、・・・韓国憲法の精神は地に墜ちた。」と金泳鍋名誉教授は、尹政権の「解決策」を厳しく批判し、それが「韓日知識人共同宣言－菅直人談話－大法院の強制動員被害者賠償判決で結実した「功績の塔」」を崩してしまったと落胆している。これは具体的にはどのようなことを言っているのであろうか。少し長くなるが、インタビューをフォローしてみよう。

　　「韓国大法院の強制動員被害者に対する賠償確定判決文を、昨晩もう一度読んでみたが、本当によく書いたと思った。・・・」
　　「今回の強制動員賠償問題の核心は、強制動員被害者の請求権問題というより強制動員被害者の人権問題で、さらには日本の植民地統治の違法性の問題だ」
　　「2010 年に韓日知識人 1000 人が参加した共同声明を発表したが、韓国で 600 人余り、日本でも 500～600 人が署名した。その作業をする時、1998 年の金大中・小渕共同宣言に沿って、韓日共同の歴史教科書作りのプロジェクトが進められたが、互いに意図が合わず、結局うまく進められなかった。その時、一番意見が合わなかった部分が、韓国併合条約の違法性に関してだった。韓国側は不法だと言い、日本側は当時としては合法だったと主張した。金大中・小渕宣言の時も、日本は植民地統治の合法・有効性を強固に維持し、・・・だが、われわれが 2010 年に発表した共同声明の作業をする時、日本の主流の歴

史学者の大多数が、韓国併合が不法だったということに同意して署名した。驚くべき事だった」

「大法院判決を見ると、その共同声明の精神がよく盛り込まれている。その前に、慰安婦と強制動員被害者の提訴が続いたが、通常、日本の裁判所側は既判力〔確定判決による不再理の効力〕を盾にそれらを斥けてきた。ある調査研究によれば、韓日知識人の共同声明が大きい反響を呼び起こした後に勝訴判決が出て、2018年の大法院の強制動員被害者裁判もその一つであったと言う。もちろん、裁判所の独自の判断が何より重要だった」・・・

「日本の弁護士も 160 人余りが、大法院判例に支持声明を出した。だから 1965 年体制に対する不満が起きてから、ほぼ半世紀近い闘いの末、金大中・小渕韓日パートナーシップ宣言が出され、その宣言に対する不満から 10 余年に及ぶ闘いが続いた末に歴史が再び進んで、韓日知識人共同声明（2010 年）－菅直人談話（2010 年）－憲法裁判所の慰安婦判例（2011 年）－大法院の強制動員賠償判例（2012、2018年）の憲法精神の具現という新しい民主主義戦線が形成された。ところが、その戦線が今回崩れた」

　金名誉教授が提示した「今回の強制動員賠償問題の核心は、強制動員被害者の請求権問題というより強制動員被害者の人権問題で、さらには日本の植民地統治の違法性の問題だ」という視点は、核心的な分析である。大法院判決（2012 年及び 2018 年）は、「強制動員賠償問題」が「被害者のヒューマンライツ」（国際法上の権利）であることを基礎にしたが、基本的には、大法院は、1965 年日韓請求権協定で解決していない植民地支配責任に基づく賠償責任（慰謝料請求権）に着目した。そこから、賠償責任が「日本の植民地統治の不法性」という歴史と法が交錯する点を基礎にして法的論理が組み立てられることになった。

　ところが、日本政府は、この核心的な問題である「日本の植民地統治の不法性」という賠償責任を命じた判決の基礎については一言も触れてこなかっ

たのである。この「沈黙」にこそ今回の事態の本質があることに注目すべきなのである。

　ここで最大の論点となるのは、植民地支配の不法性の問題である。この点についての日韓の間の協議について、金名誉教授は以下のように振り返っている。1998 年の金大中・小渕共同宣言のときにも、「日本は植民地統治の合法・有効性を強固に維持し」た。同宣言に沿って、韓日共同の歴史教科書作りのプロジェクトを進めたが、「その時、一番意見が合わなかった部分が、韓国併合条約の違法性に関してだった。韓国側は不法だと言い、日本側は当時としては合法だったと主張した。」と言うのである。

　このような状況に大きな変化が見られたのが、併合 100 年の年＝2010 年だった。この年に発表された 1000 人を超える日韓の知識人による共同声明の成功だった。金名誉教授は、「われわれが 2010 年に発表した共同声明の作業をする時、日本の主流の歴史学者の大多数が、韓国併合が不法だったということに同意して署名した。驚くべき事だった」と言っている。「日本の主流の歴史学者の大多数」が共同声明に同意して署名したことの画期性についての強い印象を吐露していることに注目すべきである。

　この 2010 年の知識人共同声明に続いて、菅直人談話（2010 年）[18]が出て日本政府の歴史認識が大きく進んだ。このようにして、「憲法裁判所の慰安婦判例（2011 年）－大法院の強制動員賠償判例（2012、2018 年）の憲法精神の具現という新しい民主主義戦線が形成された」のに、今回の尹政権の「解決策」によって、「その戦線が今回崩れた」と、金名誉教授は評価する。

　この結果を「敗北」と言う金名誉教授の評価については、韓国の識者の立場からすると、そうなのかもしれないと思う。日韓の和解へのプロセスについて検討する際に、韓国側から見ると今でも植民地支配の宗主国による支配が継続しているかのような闘いの過程にあるとも思われる。そのような視点からすると、「敗北」と評価せざるを得ないと理解すべきなのであろう。そう

18　戸塚悦朗『歴史認識と日韓の「和解」への道──徴用工問題と韓国大法院判決を理解するために』日本評論社、2019 年、16 頁，25-26 頁。

だとすれば、韓国の人々と共に、日本の脱植民地主義のプロセスを歩んでいる日本人研究者の一人としても、その評価を文字通り「敗北」と受け止めることにしたい。

　一旦は、「敗北」と受け止めるとしても、そうであればこそ、その「敗因」についての分析を冷静に進める必要があると思われる。その分析は、今後の運動と研究の方向性を定めるためにも不可欠であると考える。まず、この「敗因」の検討について、日韓の研究者による共同研究の機会をもつことが必要ではないだろうか。

　筆者から見ると、韓国の識者からの植民地支配の不法性に関する研究と運動の呼びかけ、より端的に言うなら、2010 年の日韓知識人共同声明の署名運動の呼びかけに対して、主として日本の研究者（筆者を含め）がどのように応答したのかを検討する必要があると思う。その応答の内実に不十分な点があったのではないかということを反省する必要があると思うのである。

2010 年の日韓知識人による署名運動の評価

　日韓ともに 500 名を超える知識人が署名し、併合 100 年の年に日韓基本条約の植民地支配に関する解釈の不一致を解消し、韓国側の解釈に統一することに合意したこの署名運動は、1965 年以来の日韓の間の最大の対立点を解消しようとする努力だった。それまでにないことだったから、金名誉教授も驚くほどの画期的な成果だったと評価できる[19]。その運動が実現した一つの成果としては、2010 年 8 月 10 日の前記菅直人首相談話がある。そのような流れの中で、2018 年大法院判決が生まれたという金名誉教授の評価は、筆者もよく理解できる。

　しかし、筆者も参加したこの共同声明の署名運動には、今後対応すべきいくつかの問題点が潜在していた。その内実には、いくつかの重要な限界があったと思われるのである。ここでは、二つの限界をあげておきたい。

---

[19] 「歴史的正義と和解の認識——「韓国併合」100 年日韓知識人共同声明」、笹川紀勝監修＝邊英浩・都時煥編著『国際共同研究韓国強制併合一〇〇年：歴史と課題』明石書店 2013 年、441-487 頁。

　その第1は、共同声明の表現自体に潜む問題である。

　結論の表現は「不義不当」とされていて[20]、併合条約の「不法」あるいは「無効」という法的表現ではなかった。

　それまでの日韓関係に関する日本における歴史学研究は相当充実してはいたものの、法学的検討はまだ不十分だったと言わざるを得ない。そのことから来た限界ではなかっただろうか。歴史学者にとっては、この表現の違いはあまり大きくはないと感じられる可能性はある。しかし、法律家にとっては、この違いには大きな隔たりがある。

　韓国側は、1910年併合当時から一貫して、日韓の旧条約はすべて原初的に不法であり、併合条約は無効だったと主張してきたのであって、決して併合が「不義不当」であったと言うにとどまってはいなかった。だから、日本側としては、この主張に応答するためには、この法的な主張に正面から応答する法学的な研究を避けることはできなかったのである。にもかかわらず、植民地支配の不法性に関する日本側の法律家による研究は未だ不十分な段階だった。日本で最大の法律家の組織である日本弁護士連合会も弁護士個人もこの研究には取り組んでいなかった。少なくとも、筆者は弁護士であった1992年当時、留学先のロンドン大学で研究を始めてはいたものの、筆者の研究は、2010年の段階ではまだ不十分で、完成した段階に達していたとは言えなかった。

　植民地支配の不法性についての研究については、日韓ともに歴史学者主導で進められてきたのであって、歴史学者の研究に日本の法学者[21]が加わった

---

[20] 2010年知識人共同声明の結論的命題は、「かくして韓国併合にいたる過程が不義不当であると同様に、韓国併合条約も不義不当である。」という一文に要約されている。前掲「歴史的正義と和解の認識」、447頁。

[21] 2010年までの段階では、法学者としては、坂元茂樹教授と笹川紀勝教授は、国際共同研究に深く関与していた。しかし、大変残念なことではあるが、批准不要説（保護条約などの合法説）を主張してきた坂元教授は、途中から国際共同研究から抜けてしまい、論文を撤回してしまった。だから、笹川紀勝＝李泰鎮（共編著）『国際共同研究・韓国併合と現代――歴史と国際法からの再検討』明石書店、2008年には、坂元教授の論文が掲載されていないし、それ以後の2冊の共同研究にも掲載されていない。その経緯については、前掲書『韓国併合と現代』序文（9-34頁）に

国際共同研究は、始められて間もなく、まだ発展途上にあったという限界があった。

　限界の第2は、署名運動の担い手が歴史学者中心だったことにあった。
　これは、植民地支配問題が歴史に関する問題だから、当然の流れだったとも思われる。運動の中心の一人だった金名誉教授自身が「日本の主流の歴史学者の大多数が、韓国併合が不法だったということに同意して署名した。驚くべき事だった」と言う通り、まずは、主として歴史学者の関心事としてこの署名運動が認知され、推進された。それゆえこの事実は、「日本の主流の歴史学者の大多数が」参加した点で、肯定的な成果だったとも評価され得る。しかし、この事実は、裏側から観ると、歴史学者以外の分野の知識人（例えば、法律家や文学者など）が運動に主体的に関わっていなかったことをも意味するのである。
　この署名運動に応答した知識人の名簿を見る限りでは、日本側にも韓国側にも法律家があまりにも少なかった。筆者は、国際共同研究の国際会議に参加していた縁があったことから、署名運動の最終段階で和田春樹東京大学名誉教授の呼びかけに応えて参加したのであって、主体的にかかわったとは到底言えない。のちに日本側の署名者の名簿を見て、弁護士も国際法学者もほとんど参加していなかったことに驚いた記憶がある。
　植民地支配の「不法性」の問題には、法的判断が関わる。だから、歴史認識に関わるとは言っても、歴史学者まかせにせずに、法学者が自ら主体的に研究すべき分野である。それなのに、日本側では、署名運動に発起人として参加した法律家はいなかった。法律家の署名者も極めて少ない。戦後補償裁判に取り組んだ弁護士の署名者も数えるほどであった。国際法学者も発起人としては参加していなかったし、署名者も皆無に近いほど少数だった。今から思えば、植民地支配の「不法性」という法的問題にかかわる共同声明の署

笹川教授が報告している。坂元教授と入れ替わるように、筆者は2009年ごろから遅れて国際共同研究に招かれるようになった。

名運動としては、最大の弱点だったのではないだろうか。

　それまでは、歴史学と法学の学際的国際共同研究が極めて不十分だったという限界が露呈したとみるべきではないだろうか。筆者は、今は反省しているが、署名運動が進行していた当時は、自らが関与すべき問題だという意識がなかった。歴史学者が関わる分野であって、法律家がかかわるべき問題と受け止めていなかったことを率直に告白しなければならない。日本の法律家として筆者が深刻に反省すべき問題点と思われる。

　日本側の文学者には著名人[22]が参加しているものの、発起人がいなかった。

　韓国側の傾向も同様で、歴史学者中心の運動だったように見える。

　韓国側で興味深いのは、法曹界関係者の署名はあるものの、弁護士協会の会長クラスのみにとどまっていて、個人としての弁護士の署名はみあたらない。法律家は発起人として参加しているが、参加者が多くないのである。最近、戦後補償裁判で韓国の弁護士が活躍しているにもかかわらず、植民地支配の不法性の研究者が少ないのであろうか。

　韓国側の「文学界（詩人、小説家、評論家）」分野では、高銀氏、金芝河氏という著名文学者が発起人となっていたことに注目すべきあろう。署名者の中には、金薫作家[23]が署名していたことに最近気づいて、目を開かれた。

　今後、日韓の文学者の関心がより高まることが期待できよう。植民地支配の不法性を示す歴史的な事実をテーマにした相当数の文学作品が出版され、それらがメディアを通じて広範な社会的波及効果を生む可能性がある。

2018 年大法院判決の衝撃

　法律家が植民地支配の不法性の問題を研究するようになった契機は、2010年共同声明のあとから起きた。2018 年韓国大法院判決は、日本の法律家にと

---

[22]　「作家・芸術家・映画監督」の分類のもとに、大江健三郎氏などが署名している。
[23]　金薫作家は、2022 年 8 月に『ハルビン』（安重根義軍参謀中将が 1909 年 10 月 26日伊藤博文公爵を射殺したのはハルビン駅構内であったが、その歴史的な事実を小説化したもの）。を発表した。同書が韓国でベストセラー（小説部門で年間 2 位）になっていることに注目すべきである。

っても衝撃的であり、研究を促進する強い刺激となった。

　しかし、問題は、大法院判決の「植民支配の不法性」判断が韓国の「憲法判断」だったことである。国内法上の判断としては十分であるが、日本との間の国際問題に関わる以上、大法院判決を支えるためには、国際法上の問題についても研究しておくことが必要である。筆者はそう考えて、三冊の著書を出版した[24]。ところが、最も詳細な筆者の前掲『歴史認識』（国際法的研究の完結版）がまだ韓国語で出版されていない[25]。

　日本では、2018年大法院判決を契機として、植民地支配の不法性についての研究が始まった。しかし、研究と議論はやっと始まったところであって、例えば日本弁護士連合会も会内研究の成果を公表できる段階にいたっていない。だから、研究成果を日本社会内で広く共有することが困難である。残念ながら、植民地支配の不法性の問題は、日本では未だに「タブー」として、はれ物に触るように扱われている。そのため、広く議論することが困難なのである。

　このような段階であるので、2010年前後からやっと始まった歴史家と法律家による学際的な研究も日本では不十分な状況にとどまっている。未だ研究も論議も十分な広がりを持って日本社会に共有されているとは言えない。

　このような日本の状況を直視するなら、日韓の間でさらなる交流と共同研究が必要であると思われる。筆者は、安重根義軍参謀中将の名誉回復を目指して、安重根義軍参謀中将裁判の研究について、日韓の研究者が交流し、研究を共有することが望ましいと思う。それが、1905年11月17日付「日韓協約」不存在の研究をすすめ、併合条約の不法性の研究をも促進すると考え

---

[24] 戸塚悦朗『「徴用工問題」とは何か？──韓国大法院判決が問うもの』明石書店、2019年10月、1-209頁。前掲『歴史認識』。戸塚悦朗『日韓関係の危機をどう乗り越えるか？──植民地支配責任のとりかた──』アジェンダ・プロジェクト、2021年。金昌禄教授の翻訳によって2022年7月知識産業社から同書の韓国語版が出版された。

[25] 2023年5月時点ですでに翻訳は終わっているが、出版は2024年になるのではないかと予想される。

る[26]。

　しかし、この点で、日本では、広範かつ十分な検討は未だに始まっている
とは言えないことを付言しておく必要がある。

第 2.　植民地支配の歴史的事実に光をあてる方法はあるか？

　日本で、日本語環境で暮らす筆者たちは、植民地支配の歴史的事実を正確
に認識できていないという問題がある。だから韓半島の植民地支配について
も、その不法性についても、日本の多くの人々は、日本政府がつくり上げて
きた神話に類する歴史認識にからめとられてしまっている。このような構造
的な問題が日本社会の根底にあることに注目する必要がある。簡単に言えば、
筆者も含めて日本に暮らす人々は、強固なタブーに支配され続けてきたので
ある。そのタブーの実態はまだ解明途上にあって、筆者にもよくわかってい
ない。しかし、植民地支配の歴史的事実に光を当てることが、そのようなタ
ブーによる制約と作られた神話から自由になる第一歩であることは間違いな
いであろう。

　まず、勇敢にも、タブーを破った歴史ノンフィクション・ノベル片野次雄
著『李朝滅亡』[27]を読むことから始める方法が良いのではないだろうか[28]。

---

[26] 例えば、2022 年 11 月 17 日及び 18 日にはソウルにおいて、筆者による二つの講
演会が開催された。①戸塚悦朗講演「安重根義軍参謀中将裁判の不法性——1905
年 11 月 17 日付日韓協約は不存在——」主催者（社）安重根義士崇慕会・安重根義
士紀念館、『2022 年安重根学術講演会』、日時 2022 年 11 月 17 日午前 7 時、会場
ホテル PJ ベラルーム。②戸塚悦朗講演「日韓共同研究の在り方——韓国語版出版
を記念して」、主催・会場韓国歴史研究院（李泰鎮院長）、日時 2022 年 11 月 18
日、司会金昌禄教授。

[27] 片野次雄『李朝滅亡』新潮社、1994 年 6 月。文庫版は、以下の通り 3 年後に出版
されている。片野次雄『李朝滅亡』（新潮文庫）新潮社、1997 年 7 月。

[28] 筆者は、タブーを破ったこの歴史ノンフィクション・ノベル『李朝滅亡』を高く評
価している在日の識者から勧められ、同書を知った。最近、タブーを破る勇気をもっ
ていなかった自分自身を反省しつつ、同書を推薦する以下のエッセイを執筆した。
戸塚悦朗「タブーを破った歴史ノンフィクション・ノベル推薦します——筆者と韓
国史のものがたり——」2023 年 4 月 10 日【1919 年上海に大韓民国臨時政府が樹立
されてから 105 年目の日に】。本論文にはその内容を転載している。

筆者は、以下述べるようにタブーを破る勇気をもっていなかった。そのような筆者の情けない研究歴と比較すると、タブーを破ったこの歴史ノンフィクション・ノベルがいかに貴重かを理解していただけると思う。

　もちろん、筆者や多くの日本人の不十分な歴史認識を作り出した日本の政府の言辞、その支配下にある公教育、メディアそしてタブーを抱え込んできた日本社会の構造的な問題が深く研究されるべきではあろう。しかし、筆者にはそのように深く研究する力量が不足している。また、他を批判する資格があろうとも思われない。しかし、自分自身の不甲斐なさを反省しつつ、韓国史を学ばなかった筆者の物語を紹介することはできるので、それをネガティブな一つのケーススタディーとして以下に書き残しておきたいと考えた次第である。自らの恥をさらすようで、躊躇するところもあるが、それを乗り越えることは自らの決断次第で可能だからである。

韓国史を学ばなかった筆者

　筆者は、歴史家ではない。中高でも韓国の歴史を勉強した記憶がない。物理学、心理学、法学を大学や大学院で学んだが、韓国史について学んだことはなかったのである。だから、筆者は、新聞やテレビが報道していること以外には全く何も知らなかった。普通の日本人男性の一人だったのである。

　しかし、およそ歴史について何も学ばなかったということではなかった。高校時代には、西洋の中世について詳しく学んだ記憶がある。大学では理学部（物理学科）に入ったが、教養の歴史学ではナチスが政権につくまでの過程を詳しく学ぶことができた。内緒話のたぐいだが、理学部時代の教授たちの多くが戦時中に軍の極秘命令で原爆開発にたずさわっていたことを知って衝撃を受けたことはよく記憶している。1973年に弁護士になってからは、大規模な薬害事件の被害者の弁護活動に携わった。また、1980年代初頭からは、精神医療による重大なヒューマンライツ侵害の問題にぶつかり、調査したことがある。だから、科学者や医学者たちがなぜヒューマンライツの侵害に手を染めて行ったのか？　という問題に強い関心を持った。1988年から英国ロンドン大学の精神医学院（IOP）の客員研究員になってからは、日本の精神

医療の歴史を研究したこともあった。ドイツでは、ナチスによるユダヤ人抹殺政策の前に、障がい者とりわけ精神障がい者の抹殺政策があったことも知った。古代に天皇が精神を患った時に初めて外国から医師が招かれたのだが、中国からではなく韓半島からだったという歴史も知った。

　しかし、なぜか韓国史も韓国に関わる日本史もすっぽりと抜け落ちていたのに、そのことに気づくこともなかったのである[29]。

　これまでの人生を振り返ってみると、韓国史の研究に取り組む必要性を感じたチャンスは何度かあった。最初の機会は、弁護士になったばかりの 1973 年 8 月に韓国の民主化運動の指導的政治家だった金大中氏が東京で KCIA に拉致されるという大事件が起きた時だった。報道でこれを知って衝撃を受けたことはよく覚えている。筆者が関心を持っていたヒューマンライツ侵害問題に直結する重大事件だったにもかかわらず、この事件に取り組もうとも、韓国史を学ぼうともしなかった。日々の仕事に追われる超多忙な日常を送っていたから、全く余裕がなかったのである。

　それなのに、そんな筆者が 1992 年 2 月に「慰安婦」問題を国連のヒューマンライツ委員会（ジュネーブ国連欧州本部で開催された）に提起したので

---

[29] しかし、司馬遼太郎著の小説はいくつか読んだことがある。そこから所謂「司馬史観」を自然に且つ無批判に吸収していた可能性は十分にあるのではないだろうか。だから、明治維新は、封建制を打破し、身分制を廃止し、自由と平等を保障した改革として無批判且つ単純に美化する考え方に染まっていたことは間違いない。そして、日清戦争や日露戦争の日本の勝利は、世界の一等国に成長した「栄光の歴史」として受け止めていたのではないか。朝鮮については、ひどく後進的な社会だったので、日本が教育制度を導入したという偏見に凝り固まっていた。そのために韓国は発展したと信じこんでいたのである。「天は人の上に人をつくらず。人の下に人をつくらず」という福沢諭吉の言葉は、少年期の筆者の耳にタコができるほど聞いた記憶がある。NHK ラジオ放送が繰り返していたのだと思う。しかし、1 万円札の福沢の写真に対するアジアからの視線にも、彼の「脱亜入欧」論と植民地支配の関係にも全く思いが至らなかった。日本の戦国時代の小説を読み、歴史ドラマをテレビで観たこともある。だから、筆者も太閤豊臣秀吉を英雄視していた。徳川家康は「タヌキおやじ」というフレーズはどこから記憶したのだろうか。こうしてみると、様々な歴史的な事象についてのイメージが、固定観念として無意識に植え付けられていたのだと思う。筆者も、マスメディアと小説などによる刷り込みから、日本に広く存在する「常識」から決して軽視することができない影響を受けていたと思われる。

ある。それにはそれなりの理由があったのだが、長くなるので、ここでは説明を省略する[30]。この時には、「日本軍「慰安婦」は「性奴隷」だった」と国連 NGO 代表として発言したのである。だが、韓国史についての研究は全くしていなかった。一回だけの発言で完了するアドホックの活動しか予定していなかったからだった。恥ずかしいことに全くの準備不足であった。

これに対して二つの反応があった。

一つは、否定的なもので、ジュネーブ駐在の日本人男性特派員たちの反応だった。毎日新聞を除いて、その他の大新聞の特派員から敵対的な態度で強い拒否反応を受けた筆者は、それまでに経験したことがなかったほどひどい侮辱的な発言を受けて腹を立ててしまったのである。普段はおとなしい性格だと自認している筆者だが、激しい怒りがこみあげてくると自分でも制御がむつかしくなるほど極端な反応をしてしまうことがある。このときは、相当腹の虫の居所が悪かったのだろう。今思うと、この個人的な激しい怒りの感情がなければ、その後の国連活動への取り組みはなかっただろうと思う。

もう一つは、全く逆に肯定的な反応もあった。国連に加入したてだった韓国政府の大使から筆者の発言に「感謝する」という公式の発言があった。また、国際法律家委員会（ICJ）という有力 NGO の代表から、「とても重要な問題なので、継続してこの問題に取り組み続けた方が良いと思う」という、貴重な助言があった。これら否定的・肯定的な反応の為に、その後も日本軍「慰安婦」問題の国連活動を続けることになったのである。全く想定外のことだった。

法律家の筆者がなぜ韓国史研究を始めることになったのか

国連活動の継続の結果が問題だった。韓半島から「慰安婦」女性を動員するための法的根拠があったのかどうかについて、日本政府との間で法的論争

---

[30] 筆者がなぜ「慰安婦」問題を国連ヒューマンライツ委員会に提起したのかの動機は、自由権規約第 1 選択議定書への加入を促進するためであった。その詳細については、（論文）木村幹「慰安婦問題の国際化の一側面：戸塚悦朗の回顧を中心に」国際協力研究 29 巻 1 号（2021.7）111-147 頁参照。

になってしまったのである。

　ところが、当時の日本法をいくら調査しても、その法的根拠が見つからなかった。法外の秘密制度だったのである。そこで、なぜ日本政府が韓半島の被害女性たちを支配し、動員できたのかについての基本的な法的根拠を調べなければならなくなった。

　それを調べているうちに、1905 年 11 月 17 日付の「韓国保護条約」は無効と書いてある国連報告書（1963 年国際法委員会 ILC による国連総会あての報告書）を発見したのである。1992 年秋のことだった。当時筆者は、ロンドン大学（LSE）で客員研究員をしていた。同大学の高等法学研究院（IALS）の図書館でのことだった。

　この発見は、その後の筆者の人生を変えてしまった。

　この英語で書かれた国連文書の存在は、日本では（実は韓国でも）一般には知られていなかったのである。その内容は、それまでの日本政府の立場（韓国の植民地支配は「合法」とするもの）をひっくり返してしまうかも知れないほどとても重要なものだった。法学研究者になりたての初心者ではあったが、「取り組みに値する「発見」だ」ということだけは理解できた。早速この発見が何を意味するのかについて、「しっかり研究して、論文を書こう」と決意したのである。

韓国近現代史は、まるで「ブラックホール」

　「三度目の正直」と言うが、このときに初めてかなり真剣に韓国近現代史の研究に取り組むことになったのである。素人ながら、韓国近現代史や 1905 年当時の日韓関係について研究する必要性を痛感することになった。それがわからないと、この 1963 年 ILC 報告書の意義をよく理解できないからだった。

　韓国語を学んだことがなく、韓国語文献を読むことができなかったのが残念だった。ロンドン大学（SOAS）の図書館で入手可能な英語と日本語の文献を調査することになった。相当数の文献にあたる必要があったが、わかりやすい日本語の文献が見つからないため、苦労したことをよく覚えている。1905 年 11 月 17 日に何があったのか？　主としてその一日の研究に集中し

た。独立国であった大韓帝国の独立（外交権＝主権）を奪うために伊藤博文公爵が何をしたのか？ それを究明しようとしたのである。頼りになる日本語の文献がなく、英語の文献を頼りにせざるをえなかった。

　日本語で韓国近現代史を調べようとすると、まるで「ブラックホール」をのぞくような体験をする。宇宙でみつかったブラックホールは、光さえも呑み込んでしまう暗闇の星なのだが、実は中身はとても重くてぎっしりと物質が詰まっているという。日本語で調べようとすると、ブラックホールに呑み込まれてしまったように、真相が見えなくなるのが韓国近現代史なのである。そんな体験をした。

　果たして、その中身はぎっしりとつまっていたのである。

『李朝滅亡』はまだ出版されていなかった

　今思うと、片野次雄氏著『李朝滅亡』（新潮社）がまだ出版されていなかったのである。

　この本が世に出たのは、それから 2 年後の 1994 年 6 月のことだった。もし、この本 1 冊を最初に読むことができたなら、短期間で詳しい歴史的な事実を把握することができたはずだった。今思えば、1905 年 11 月 17 日の事件だけでなく、大日本帝国によって李朝朝鮮（大韓帝国の時代を含めて）が滅ぼされるまでの、1875 年から 30 年間の韓国近代史を詳しく、正確に知ることができたはずだったのである。

　もし、そのときに『李朝滅亡』を読むことができていれば、この 1905 年 11 月 17 日が韓国史の中でどのように位置づけられるのか？ という問題の理解も無理なくできたはずであった。勿論、歴史研究者であれば、それだけでは不十分である。しかし、筆者のような素人が、近現代の韓国史の見取り図を把握しようと考えた場合は、短期間で全体を把握できる同書は大きな助けになったはずだった。片野氏の歴史小説は、とても分かりやすく、しかも正確に書かれているので、歴史には素人の筆者にも理解が可能である。

　山岳カメラマンでもある片野氏は、30 年以上にわたって民俗学的な見地からみた僻村の取材を行うかたわら、李朝朝鮮を中心とした朝鮮文化の研究を

続けた朝鮮史研究家である。『李朝滅亡』を出版する前に、日本と韓国・朝鮮に関わる歴史を五部作に書き分けて出版している。片野氏が扱った歴史は、白村江のたたかいから始まり、朝鮮通信使を題材とする李朝後期時代に至るまで千二百年にわたる長大な物語なのである。そんなに長い間の日韓両国の歴史的な関係を平易にノンフィクション歴史小説として、五冊も執筆・出版したのである。

　韓国は、日本から見ると最も近い隣国である。

　それなのに、なぜ近現代の韓国の歴史の全貌をわかりやすく書いた日本語の本がほとんどなかったのだろうか。考えてみるとこれは謎である。まるで「ブラックホール」のように暗闇に包まれて、中がよく見えなかった。その理由は、筆者にはあとからわかってきた。この時代の日韓関係史をありのままに書くと、日本社会に根深く存在する厳しいタブーに触れるからなのではないかと思い至った。

タブーを破る勇気がなかった筆者

　研究者としては、1992 年秋に一気に書きあげた論文の原案をすぐに学術誌に公表すべきだったのかも知れなかった。このことは第 3 章でもう少し詳しく触れるが、筆者は、日本でタブーを破る勇気がなかった。2006 年になって、この日本語論文を学術雑誌（龍谷法学）に公表するまでに、なんと 16 年もかかってしまった[31]。

タブーを破った片野次雄氏

　片野氏は、『李朝滅亡』の「あとがき」で、「朝鮮側の李朝末期、日本側の明治維新後の両国の関係は、いわゆる近現代史と分類され、日本人が触れることがタブー視されていた」と書いている。同書を出版することは、「国が口を閉ざしていることを、わたしが勝手にぶちまけてしまう結果になるかも知

---

[31]　戸塚悦朗「統監府設置 100 年と乙巳保護条約の不法性──1963 年国連国際法委員会報告書をめぐって──」『龍谷法学』39 巻 1 号、2006 年 6 月、15-42 頁。

れない」と片野氏は恐れていた。そのため、「調査には、慎重なうえにも慎重を期した」ということである。

このように見てみると、片野氏によって「歴史ノンフィクション・ノベルの手法」で書かれた「小説　李朝滅亡」（「はじめに」参照）で紹介された「歴史的事実」は、歴史研究書に準じて、韓国近現代史の座標軸として広く読まれてしかるべきものと思うのである。

1994 年に片野氏が勇敢にタブーを破ってこの良書を出版してくださったことに感謝したい。そのおかげで、誰でも韓国近現代史の「歴史的事実」の全貌を俯瞰することができるようになった。近現代史の「ブラックホール」が可視化されたのである。だから、韓国と日本に関心を持つ方には、まずはこの歴史小説を通読することをお勧めしたいと思う。

『李朝滅亡』の活用方法

しかし、忙しくて通読する時間がない方には別の活用方法がある。

最近のことだが、在日韓国人のある活動家の方から、「明成皇后が三浦悟楼日本公使に殺害された歴史はとても重要だと思うが、その真相を究明するにはどうしたらよいだろうか？」という質問を受けた。

「とりあえず、『李朝滅亡』を読んでください」とお答えしたい。通読する必要はない。一部を読むだけでも十分理解できるはずである。目次の「閔妃暗殺」のところだけを読めばよいのである。

それ以上深く知りたいと思うようになった場合は、同書末尾の「主要参考文献」の中から情報収集できる。『閔妃暗殺』（角田房子著　新潮社刊）を探し出すことができる。この本を読めば、全体像をもっと詳しく把握できる。

それよりももっと深く研究したくなった場合は、片野氏の著書発行（1994年）後の新しい研究書を探すことになる。今では、インターネットによる検索が容易になってきた。そうすると、例えば金文子氏著の『朝鮮王妃殺害と日本人──誰が仕組んで、誰が実行したのか』（高文研、2009 年）を探し出すことが可能である。

最近の韓国近現代史研究の発展：歴史と法学の学際的研究

　ここで『李朝滅亡』出版後の研究の発展にも触れておきたい。とりわけ歴史学と法学の学際的な研究が発展したことに注目していただければ幸いである。注意深く「歴史的事実」の叙述に専念した片野氏の『李朝滅亡』には、このような法的評価については書かれていない。しかし、筆者たち法律家は、「事実」に法を適用するのだから、まず「事実」が明らかにされていなければ、判断ができない。だから、片野氏の業績＝歴史的事実を踏まえて、その上でさらに法学者としての学際的な考察を進める。だからと言って、片野氏の業績の価値はいささかも減じるものではない。

　安重根義軍参謀中将による伊藤博文公爵射殺 100 年の年であった 2009 年、韓国併合条約 100 年の年であった 2010 年、サムイル（3.1）独立万歳運動 100 年の年であった 1919 年を契機にして、韓国近現代史の国際共同研究の成果が日本語でも出版された。これらの歴史専門書を参照していただきたい。手前みそになるが、筆者も、安重根義軍参謀中将裁判の不法性と 1905 年 11 月 17 日付「日韓協約」の不存在などの研究を発表している。

　これらの国際共同研究が重ねられることで、さらにタブーが破れ、ますます歴史の真実が明るみに出てゆくことになることを期待している。

おわりに

　それにしても、なぜ植民地支配の不法性の研究にこんなに長い時間がかかってしまったのであろうか。

　一般論とすれば、植民地支配の歴史的事実を解明するのは歴史家の専門分野に入る。しかし、その歴史的事実に法を適用してその不法性を論じる作業には、法律家が責任を持たなければならない。だから、植民地支配の不法性を解明する作業は、日本の法律家の専門分野に入るのである。そうであれば、日本の法律家の一人として筆者にも責任がある問題であることは間違いない。

　弁護士になってすぐに金大中事件を知ったのは 1973 年だったから、50 年前のことだった。そのときすぐに韓国史の勉強を始めることはできたはずなのに、そうしなかった。忙しさにかまけて、勉強の努力を怠った怠け心のた

めだった。1963 年 ILC の国連総会あて報告書を発見したのは 1992 年で、31 年前のことだった。そのときすぐに実名で日本語の論文を学術誌に公表することもできたはずだったが、そうしなかった。テロの被害を受けることを恐れて、自主規制してしまった。勇気がなかったのである。1905 年 11 月 17 日付の「日韓協約」には皇帝の批准がなかった。「時際法」原則によれば皇帝の批准が必要だったのに、そのことに気が付いたのは、なんとつい最近の 2018 年の事だった。こんなに長い間この論点に思いが至らなかったのは、法律家としての研究力が不足していたためだった。

　筆者は日本の法律家として至らなかった点を振り返り、改めて反省している。研究の遅れのために、この問題に強い関心を持ってこられた日韓の心ある方々にご迷惑をおかけした。怠け心、勇気の乏しさ、研究力の不足をお詫び申し上げる次第である。

第 2 章

安重根はなぜ伊藤博文を撃ったのか？
その歴史的事実の検討

（安重根義軍参謀中将裁判の判決について）

① **安重根外三名に対する判決**[1]

　大日本帝国関東都督府地方法院（旅順）による判決（1910 年 2 月 14 日）
は、外交要報による。巻末資料に判決抜粋を掲載する（資料 7）。

② **主文は、「被告安重根を死刑に処す」**[2]**とした。**

　安重根義軍参謀中将はこの判決に対して控訴しなかった。ハルビンにおけ
る伊藤博文公爵射殺の日（1909 年 10 月 26 日）の 5 か月後である 1910 年 3
月 26 日に旅順監獄に於いて絞首刑による死刑が執行された。

③ **その認定事実はどのようなものだったか。**

　判決の理由中の判断[3]の安重根義軍参謀中将の行為に関する部分は以下の

---

[1] 関東都督府地方法院判官真鍋十蔵「安重根外三名に対する判決」明治 43 年 2 月 14
　日、外交要報第 12 号明治 43 年 3 月 31 日外務大臣官房、101-113 頁。
　https://www.jacar.archives.go.jp/aj/meta/listPhoto?LANG=default&BID=F20130
　90216110010414&ID=M2013090216110110424&REFCODE=B13080611200
　2022 年 12 月 5 日閲覧。判決の引用については、筆者の判断にしたがって、当用漢
　字及びびひらがなを使用し、随時句読点を振ることにする。
[2] 前掲外交要報、101-102 頁。
[3] 前掲外交要報、102 頁。

通りである。

　「被告安重根は明治 42 年 10 月 26 日午前 9 時過ぎ露国東清鉄道ハルビン停車場内に於て枢密院議長公爵伊藤博文並に其随行員を殺害するの意思を以って之にめがけ其所有に係る拳銃を連射しその三弾は公爵に中りて之を死に致し、又随行員たるハルビン総領事川上俊彦宮内大臣秘書官森泰二郎南満州鉄道株式会社理事田中清次郎には各一弾命中し其の手足又は胸部に銃創を負はしめたるも三名に対しては被告の目的を遂げざりしものなり」

第 3.　安重根はなぜ伊藤博文を撃ったのか？
その歴史的事実の検討[4]

　上記の通り、安重根は、伊藤博文をハルビン駅に於いて射殺した。安重根はなぜ伊藤博文を撃ったのか？　その理由を明らかにするために、歴史的事実の検討を試みてみよう。

1．事件に至る歴史的背景
1－1．大日本帝国による朝鮮支配政策の源流
（伊藤博文公爵を撃った動機と幸明天皇の殺害告発）

　安重根義軍参謀中将は、検察官に対して提出した漢文の文章によって伊藤博文公爵（元長州藩士、前韓国統監）を撃った理由として罪悪十五個條（1909年 11 月 6 日）を挙げている。その一つに、孝明天皇の殺害告発がある。その

---

[4] 本章は、筆者による以下のセミナーにおける報告の前半部分である。戸塚悦朗報告「コリアンワールド歴史問題究明委員会への報告──安重根義軍参謀中将裁判の不法性について──」、第 1 回コリア民族・国際大学「民族義士 安重根刑死 113 年の現代的意義」──1919 年 3・1 独立運動と民族教育　世界的意義──
日時 2023 年 3 月 26 日（日）集合 13:00 開始 13:30 終了 16:00　場所たかつガーデン 2 階「ガーベラ」大阪市天王寺区東高津町 7-11 06-6768-3911 主催コリアンワールド文化知性塾　日本・朝鮮半島・アジア／戦前戦後歴史問題究明委員会。

真偽は未解明であるが、疑惑を受けるのには理由がある。孝明天皇の崩御（1867 年 1 月 30 日）は、長州藩には好都合だったにちがいなかったのである[5]。

　長州藩は、欧米列強に対して単独でも武力によって攘夷を実行しようと、外国船を砲撃し、下関戦争（1863 年、1864 年）を起こした。だが、列強諸国の反撃を受けて敗北した。孝明天皇は攘夷を求めてはいたが、外国との戦争は希望しなかったし、公武合体によって徳川幕府と協調する姿勢をとっていた。過激な長州藩士らが熱望した攘夷も討幕も壁にぶつかっていた。長州藩を嫌った孝明天皇と敵対することになって、長州藩は、激発し、ついに京都御所を武力攻撃するに至った[6]。長州藩士らの思想と行動を象徴するこの歴史（1864 年）を想起することが重要である。この御所に対する武力攻撃は失敗し、長州藩は朝敵となった。だが、その後敵対していた薩摩藩との同盟を実現し、戊辰戦争（1868-1869 年）を官軍として戦い、明治維新政府（1868 年）の中枢を占めることに成功した。長州藩は、朝敵から官軍への逆転を遂げた。「勝てば官軍」だが、この逆転は、もし孝明天皇の崩御がなければ、実現しなかった可能性があったのである。

　日本の朝鮮支配の過程でも、日本軍による王宮への武力攻撃が後記のように繰り返し敢行されたことに注目すべきである。外国の王宮への武力攻撃は主権侵害の最たるものであり、戦争とみなすことができる。これを重ねることで、後述のように大韓帝国を植民地化して行った手法は、明治維新に際して武力で朝廷を手中におさめ、政権奪取に成功した長州藩士らによる暴力的

---

[5] 倒幕に至るこの一連の政変の過程は、幕藩体制を武力で破壊しようとする薩摩藩・長州藩ら外様大名によるクーデターだったと評価すべきではないだろうか。それにもかかわらず、明治維新という言葉で歴史を美化することによって、真相を覆い隠したとする見方がある。そのような明治維新批判を力説する原田伊織『明治維新という過ち——日本を滅ぼした吉田松陰と長州テロリスト』（講談社、2017 年）は、説得力に富んでいる。

[6] 禁門の変（蛤御門の変）は、1864 年 7 月 20 日に起こった。田中彰「禁門の変」国史大辞典　https://japanknowledge.com/introduction/keyword.html?i=795　2023 年 1 月 10 日閲覧。

な手法に酷似していると言えないだろうか。

　薩摩藩・長州藩出身者らを中心とする新政権によって明治新政権を無批判に賛美する歴史認識が流布され、日本の近代史の一般的な認識が創り上げられてきたと言えよう。この点を批判的に検討する必要がある。幕末から明治維新にかけての長州藩士らによる組織的暴力による政権奪取の手法は、その後 1945 年まで継続した大日本帝国による軍国主義的な対外侵略政策、とりわけ大韓帝国の武力による植民地化、その後に続いた中国さらにはアジア太平洋地域に対する膨張主義的な武力侵略の過程にそのまま応用されたとみることができるのではないだろうか[7]。

１－２．朝鮮奪取への軍事行動のプロセス
（朝鮮の開国を要求する軍事行動に至る歴史）

　日本による対朝鮮政策はどのような歴史の流れの中で立案されたのであろうか。多くの日本の研究を参照しつつ植民地支配の過程を解明した韓国近現代史の第一人者である李泰鎮名誉教授（ソウル大学）は、「近代日本長州藩閥の韓国侵略――法と倫理の失踪」という論文[8]で、「日本の韓国に対する侵略と支配は、近代以前からあった日本特有の対外侵略主義の線上に成立したのであり、帝国主義とは関係のないことである」としている。この研究成果から多くを学ぶことができるであろう。

　李泰鎮名誉教授は、この論文中の「前近代的侵略主義「征韓論」の実体」を関ヶ原の合戦（1600 年）から説き起こしている。毛利輝元は、関ヶ原の合戦の際には、徳川家康の東軍に敗北した西軍の総大将だったが、外様大名（長州藩）として徳川時代を生き延びた。しかし、豊臣秀吉の二度にわたる朝鮮

---

[7] このような構造的暴力による政権奪取によって達成された支配体制は、薩摩・長州閥が主導した明治政府の軍国主義政策の基盤となり、これが 1945 年 8 月まで続いたと言えよう。

[8] 李泰鎮「近代日本長州藩閥の韓国侵略――法と倫理の失踪」笹川紀勝監修＝邊英浩・都時煥編著『国際共同研究韓国強制併合一〇〇年：歴史と課題』明石書店 2013 年、28-58 頁。

出兵（1592-98 年）に参加した毛利氏の怨念は、長州藩士らの記憶の底流に生き残り続けたと思われる[9]。

　大韓帝国併合に至る過程で主役を担った明治政府の重鎮である伊藤博文公爵（初代韓国統監）、寺内正毅伯爵（第三代韓国統監）などは、長州藩の軍学者吉田松陰[10]の影響を強く受けていたことに注目する必要があろう。明治政権は、徳川幕府の平和外交政策を放棄し、欧米列強の帝国主義政策を無批判に模倣し、アジア諸国の植民地支配を軸とする暴力的外交へ転換したのである。その延長としての帝国主義的な対外軍事侵略政策が大日本帝国の基本政策となった。朝鮮支配を経て中国侵略へと進んだ継続的な対外軍事行動には相似性があり、とどまるところを知らなかった。

（日清戦争直前の王宮攻撃）

　戦史から消されていた歴史だったが、1894 年に宣戦布告のない「日朝戦争」と呼ぶにふさわしい本格的な朝鮮王宮への武力攻撃が敢行されていた。日本政府によって偽造されていた歴史的事実が、日本の歴史学研究者によって発掘された[11]。1894 年 7 月 23 日未明、大鳥公使は日本軍歩兵一個聯隊を派遣

9　秀吉の朝鮮出兵は、李朝朝鮮に激甚な被害を与えて収束した。徳川家康は、秀吉とは逆に平和的な対外政策をとった。徳川時代を通じて、朝鮮通信使（仲尾宏『朝鮮通信使：江戸日本の誠信外交』岩波書店, 2007 年参照）受け入れに象徴されるように、隣国との友好関係が継続した。しかし、秀吉の朝鮮出兵を担った体験を記憶し続けた長州藩（毛利氏）などの外様勢力の対外的な暴力性は、徳川幕藩体制によって抑え込まれていたに過ぎなかったのである。前述のように薩摩藩士・長州藩士らは、クーデターによって権力を握り、幕藩体制を崩壊させ、明治新政権を樹立すると、秀吉時代を彷彿とさせるような軍事的な対外侵略の記憶と野望を想起したのではないのだろうか。

10　李泰鎮「近代日本長州藩閥の韓国侵略」。なお、吉田松陰については、吉野誠『東アジア史のなかの日本と朝鮮——古代から近代まで——』明石書店 2004 年、205-206 頁参照。吉野によれば、吉田松陰は、「欧米との条約は守り、不平等条約のもと経済関係で失った分は、朝鮮や満州への領土拡張で取り戻そう」と唱えた。その獄中書簡には、「魯・墨講和一定す、決然として我より是を破り信を戎狄に失うべからず。但だ章程を厳にし信義を厚うし、其の間を以て国力を養ひ、取り易き朝鮮・満州・支那を切り随へ、交易にて魯国に失ふ所は土地にて鮮満にて償ふべし。」とあるという。

11　中塚明『歴史の偽造をただす：戦史から消された日本軍の「朝鮮王宮占領」』高文研、

してソウルの朝鮮王宮（景福宮）を占領、李朝朝鮮王の高宗を虜にして圧力を加えた。日本に「内政改革」を強要された高宗は、24日に改革開始を宣言して大院君に政権を委譲し、閔氏政権に代わってかつての改革派に属していた金弘集に内閣を組織させた[12]。このように、日清戦争[13]に先立って、日本軍が李朝朝鮮王宮に対する本格的武力攻撃を敢行した隠された歴史があったことに注目する必要がある。

　それに先立ち全州地方に起きた農民蜂起の鎮圧を理由に清国軍から出兵を「要請」するよう強要された李朝は、再三拒否していたが、最後には農民軍が動き出した場合に、ソウルまで200里以内には入らないことを条件に清国軍の限定的な出兵を認めた。諜報活動によってこの事実を事前察知した日本軍は、農民蜂起の鎮圧に清軍が出兵したことを口実として清より先に出兵した。ところが、8000名規模の日本軍は、蜂起が起きている全州方面に向かわなかったのである。日本軍は、仁川から上陸してソウルに向かい、朝鮮王宮を攻め、王宮を占領して王を虜にすることを目的とする軍事行動に出たのである。日本帝国軍は、激戦を余儀なくされ、決して簡単に王宮占拠に成功したのではなかった。この戦闘は、日本政府が偽装したような短時間の「偶発的」な軍事衝突とは言えないものであり、実質的な「日朝戦争」の開戦だったと言って間違いない。大鳥公使は、「閔族除去」を目的としていた（李朝の内政への干渉は、内政不干渉原則＝国際法の違反である）のであって、李泰鎮名誉教授は、明成皇后殺害（実際には後述のように 1 年後に実行された）はすでにこのときに計画されていたとしている[14]。日本政府は、王宮の軍事占領下に、高宗に対して「内政改革」と称して親日政権を樹立させ、攻守同

　2013 年。

12　「日清戦争」『世界史の窓』https://www.y-history.net/appendix/wh1303-138.html
　2023 年 1 月 14 日閲覧。

13　清に対する宣戦布告は 1894 年 8 月 1 日だった。1894 年 7 月 25 日、日本海軍は黄海上の豊島沖で奇襲攻撃をかけて北洋艦隊の戦艦 1 隻を沈めた。

14　李泰鎮著＝鳥海豊訳『東大生に語った韓国史——植民地支配の合法性を問う』
　明石書店 2006 年、85-106 頁。

盟条約の締結を強要して、清国軍の撤退を要求させようとしたのである。日清戦争の名分を得るためでもあった。

　李泰鎮名誉教授は、前掲論文[15]でこの王宮攻撃事件について以下のように記述している。「この時、日本の大本営をはじめとする陸軍首脳部は 1880 年代に朝鮮半島に施設された電信線を掌握して、通信手段を確保して優位に立つ作戦計画をたてた。東学農民軍の蜂起が起きて清国がこの鎮圧を名目に朝鮮政府に清国に出兵要請をするよう強要して「同時出兵」の機会がくると、すぐに 8000 人余りの兵力（大島師団）を仁川を通じてソウルに侵入させた。日本陸軍参謀部は 7 月 23 日 0 時 30 分に一個大隊の兵力を景福宮に投じて王を宮中に監禁するようにして、景福宮のすぐ前にある電信総局を掌握した。日本軍は直ちに南に降りて行って 7 月 25 日に成歓と豊島の清国軍を攻撃して戦争を始めた。通信手段を掌握した日本軍は連戦連勝して戦争を 7 カ月で終わらせた」。

　李泰鎮名誉教授は、さらに、「日本は日清戦争を起こした当日、すなわち 7 月 25 日付で朝鮮政府に対して「大朝鮮国大日本両国盟約」の締結を要求した。日本軍が清兵を撃退するのに両国が「攻守を相助する」という要旨の条約であり、その有効期間は清国との和解が成立する時までとされた。・・・・・日本は前述したように 1894 年 7 月 23 日夜明けに朝鮮半島に施設された電信線を掌握するために君主がいる景福宮に侵入したのち、その日の朝から内政改革を要求して二日後に戦争を起こした」としている[16]。

　李朝朝鮮は、清国による冊封を受けていたので、日本が朝鮮への支配権を確立するためには、まず日清戦争を起こして清の影響力を排除する必要があった。しかし、日清戦争を起こすためには、李朝朝鮮に清に対して撤兵を求めるよう強要することから始める必要があった。王宮に対する武力攻撃という形で、この事実上の「日朝戦争」が日清戦争に先立って開始されていた歴

15　前掲李泰鎮「近代日本長州藩閥の韓国侵略」。
16　前掲李泰鎮「近代日本長州藩閥の韓国侵略」。

史を改めて確認しておきたい。宣戦布告抜きで、事実上の戦争行為を敢行する大日本帝国軍の手法はその後も繰り返され、のちに 1931 年満州事変以降の宣戦布告ぬきの中国への全面的な軍事行動のモデルになったのではないだろうか[17]。

　しかし、安重根義軍参謀中将が挙げた前記伊藤博文の罪悪十五個條には、大日本帝国軍による 1894 年 7 月 23 日の事実上の「日朝戦争」は挙げられていなかった。

（明成皇后殺害事件と王宮攻撃）

　安重根義軍参謀中将は、明成皇后殺害（1895 年）のための王宮（景福宮）攻撃[18]を伊藤博文罪悪十五個條の第 1 に挙げている。この事件当時の大日本帝国の首相は、伊藤博文だった。三浦梧楼公使がこの攻撃を指揮したことはよく知られている。彼は、職業軍人（陸軍中将）出身の外交官だったが、それでも独断でこのような大事件を起こすとは考えにくい。大日本帝国政府が派遣した公使とこれと共謀した軍の行為については、時の政府の首相であった伊藤博文が責任を負うべきことは当然である。当時の伊藤博文政権がこの事件にどのように具体的に関与したのかについては、今後の研究の深化を期待したい。

　李泰鎮名誉教授は、「1895 年 10 月 8 日の明成皇后殺害は韓国近代史で最

---

[17] 同様の軍事行動は、現在でも実行されている。2022 年 2 月 24 日以来現在進行中のロシア軍によるウクライナに対する特別軍事行動も宣戦布告なしの軍事侵攻であって、事実上の戦争である。

[18] ウェブサイト『世界史の窓』は、この事件について、「朝鮮王朝は、日清戦争の結果の下関条約で清の宗主権が否定され、正式に独立を確定させた。続いてロシアを中心とした三国干渉で日本が遼東半島を清に返還すると、朝鮮の政府内部にロシアと結んで日本の勢力を排除しようとする親露派が形成された。その中心が閔妃（明成皇后、びんひ、ミンビ）であった。その動きを危ぶむ日本の公使三浦梧楼は、1895 年 10 月 8 日、自ら公使館員等を王宮に侵入させ、閔妃らを殺害し、死体を焼き払った。」と要約している。「閔妃暗殺事件」『世界史の窓』から。
https://www.y-history.net/appendix/wh1403-037_1.html　2023 年 1 月 17 日閲覧。角田房子『閔妃暗殺──朝鮮王朝末期の国母』新潮社、1993 年。

も衝撃的な事件であった。・・・現場の総指揮は朝鮮駐在公使として新しく赴任した三浦梧楼だと知られているが、彼がなぜ誰の指示を受けて実行したことなのかについては、最近まではっきりとわからなかった。・・・著者は今まで活用されなかった日本軍部の関連資料を活用して、当時大本営の現役総帥の参謀次長が陸軍監軍山県有朋などと共に主管した事件だったことを突き止めた。」と書いている[19]。

　日本が強要した「内政改革」によって、高宗は、親日政府への影響力を制限されたばかりでなく、日本軍の監視下におかれ、明成皇后同様に殺害される恐怖を感じていたことは想像に難くない。1896 年 2 月義兵闘争への対応で景福宮の日本軍による警備が手薄になったすきをねらって、高宗はひそかに王宮を脱出し、ロシア公使館に移ることに成功した。この事件は、「露館播遷」として知られている。高宗は、以後 1 年間ロシア公使館内にとどまって、日本に対する劣勢を挽回するための努力を重ねた。

　1897 年 2 月高宗は、ロシア公使館から慶雲宮（現在の徳寿宮）に帰還し、大韓帝国へ国の体制を変えた。清や日本の影響力が減少した状況で、大韓帝国は近代化事業を自力で推進した。李泰鎮名誉教授は、「大韓帝国が滅びたのは、近代化の能力がなかったからではなく、むしろ自力近代化の可能性が高かったために、日本の露骨な妨害、すなわち侵略を受けるようになった」と、「近代化機会被奪論」を唱えている[20]。

（「韓国戦争」と「日露戦争」）

　和田春樹名誉教授は、「日露戦争と韓国併合——ロシアという要因から考える」という論文[21]で、日露戦争と並行して「朝鮮戦争」が存在したと述べてい

---

[19] 前掲李泰鎮「近代日本長州藩閥の韓国侵略」。ここで「著者」とされているのは、金文子（『朝鮮王妃殺害と日本人』高文研、2009 年の著者）のことである。
[20] 前掲李泰鎮『東大生に語った韓国史』、107-158 頁。
[21] 和田春樹「日露戦争と韓国併合——ロシアという要因から考える」前掲笹川ほか『国際共同研究韓国強制併合一〇〇年』81-101 頁。なお、この論文の基礎になる

る。大韓帝国に対する侵略を「朝鮮戦争」（筆者は「韓国戦争」と呼ぶ）とする見方の存在に注目することは、日韓関係を検討するうえで極めて重要である。そこで、同論文を詳しく引用することにしたい。和田名誉教授によれば、

　　　「一九〇〇年に義和団の反乱に対して列国が天津、北京方面に連合国軍を送り込んだとき、ロシアは満州での鉄道建設破壊に対処するとして、軍隊を満州に送り込んだ。一九〇〇年九月には、満州全土がロシア軍十七万三〇〇〇人の制圧下に入ったのである」。

　それでは、大日本帝国や大韓帝国はロシアの軍事的侵略の脅威にさらされていたのだろうか。

　そうではなかったことが同論文で明らかにされている。ロシアが満州から撤退するかどうかは、清＝ロシア間の外交交渉の主題だった。日清戦争ののち、清の影響力から離れ、大韓帝国は、独立国として中立政策をとろうとしていた[22]。ロシアは、朝鮮を占領することは考えず、大韓帝国の中立化政策を支持した。もし、中立の大韓帝国が実現すれば、緩衝地帯となり、日本へのロシアの脅威は大きく減ることになるはずだった。ヨーロッパにおけるスイスの永世中立政策や、のちのスウェーデンの中立政策などから考えても、合理的な外交政策だったと言えよう。

　すでに哲学者は平和構想[23]を明らかにしていたし、領土獲得競争を当然のこととしてきた帝国主義戦争を抑制し、20世紀の国際社会が世界平和を実現

　研究としては、和田春樹『日露戦争：起源と開戦（上）』岩波書店 2009年12月及び同『日露戦争：起源と開戦（下）』岩波書店 2010年2月がある。

[22] 前掲李泰鎮『東大生に語った韓国史』、90・91頁は、「朝鮮は永世中立国になるのが生きる道だと考えていた人が多かったのです。君主からしてそうでした」と述べている。

[23] イマヌエル・カント（1724年〜1804年）の『永遠平和のために』は、1795年に出版された。この時代の平和運動については、戸塚悦朗『歴史認識と日韓「和解」への道──徴用工問題と韓国大法院判決を理解するために』日本評論社 2019年、101・102頁で述べた。

できるかどうかは、大きな国際的な課題だった。この課題については、ロシア皇帝の呼びかけで 19 世紀末、1899 年 5 月 18 日から 7 月 29 日に 26 カ国が参加して開催された国際会議（ハーグ平和会議）[24]で論議された。高宗が大韓帝国の成立を宣言した直後に開催された第 1 回ハーグ平和会議では、戦争を一般的に禁止する決定はできなかったし、国際連盟（1919 年設立）や国際連合（1945 年設立）のような常設の一般的国際機関の設立には至らなかった。しかし、戦時国際法を成文化し、国際紛争の平和的解決のルールを制度化する重要な条約を採択することに成功し、継続して第 2 回ハーグ平和会議を 1906 年（実際には 1907 年に開催された）に開催することを決めるなど大きな成果を上げた。その結果、ハーグに平和宮殿（現国際司法裁判所の建物）が建設されることになった。19 世紀末にはそのような画期的な国際的平和会議が開催され、世界には新しい時代が到来していた。

　だから、大韓帝国皇帝となった高宗や韓国の人々が 20 世紀には国際法が世界平和を保障する時代になる可能性があることに期待をかけ、中立政策をとることで平和に生存しようと希望したとしても、決して無理はなかった。そのような新時代だったことを想起する必要がある。

　前掲和田論文によれば、「このとき韓国皇帝高宗は韓国は中立国たることをのぞむという路線を初めて正式に打ち出し、日本政府にその承認を求めた。千九百年八月趙秉式（チョビョンシック）が公使として日本に派遣された。これに対してロシアの駐日公使イズヴォリスキーは強く支持し、彼の説得で

---

[24] 第 1 回ハーグ平和会議については、以下を参照。"Final Act Of the International Peace Conference. The Hague, 29 July 1899." The First Hague Peace Conference of 1899 was convened on the initiative of the Czar of Russia, Nicholas II, "with the object of seeking the most effective means of ensuring to all peoples the benefits of a real and lasting peace, and, above all, of limiting the progressive development of existing armaments" (Russian note of 30 December 1898/11 January 1899). The Conference, at which 26 governments were represented, assembled on 18 May 1899 and adjourned on 29 July 1899.
　https://ihl-databases.icrc.org/en/ihl-treaties/hague-finact-1899?activeTab=historical
　2023 年 3 月 14 日閲覧。

ロシア外相ラムスドルフも皇帝もこの案を支持することになった。・・・千九百一年一月イズヴォリスキーが正式に日本政府に申し入れをおこなうと、加藤外相は小村駐清公使の意見も聞いて、断固この提案を拒絶した。・・・このときから日露対立が決定的になったとみることができる」。

　もし、大日本帝国が吉田松陰以来の朝鮮支配の野望を捨て、大韓帝国の中立を支持する政策に転換したなら、その後の世界はどうなったであろうか。日本とロシアとの間の緊張は劇的に緩和し、東アジア地域の平和と安定を実現することができた可能性があろう。列強諸国も大韓帝国の人々も中立政策を支持していたし[25]、日本にも日露戦争に反対する人々も居たのである[26]。大日本帝国の指導者たちが、世界の平和運動の流れに注目し、国内の反戦の声に耳を傾け、大韓帝国の立場に共感し、それらを誠心誠意尊重し、新たな平和外交に舵を切ったならば、日露戦争は防止できたはずである。20世紀初頭のこの時に、そのような転換に成功したなら、日本は、その後満州事変、日中戦争、そしてアジア太平洋戦争へと向かう暴力的且つ破滅的な対外政策にのめりこむことを避けられた可能性は充分あった。今後の研究課題として重要なポイントではなかろうか。

　ところが、日本の指導者たちは、吉田松陰の教えを墨守し、あくまでも大韓帝国を武力で支配しようとする攻撃的な政策を放棄しなかった。伊藤博文は、その主要指導者の一人だった。彼らは、大韓帝国の領土を取ることを至上命令としていたために、中立を求める大韓帝国内の勢力も、これを支持す

---

[25] 列強諸国は、大韓帝国の中立政策を支持していた。李泰鎮名誉教授は、「（1904年）一月二一日、局外中立が実際に宣言される・・・・局外中立宣言に対して英国とドイツが一月二二日、フランスが二五日、イタリアが二九日にそれぞれ承諾の回答を送ってきた。」としている。李泰鎮「一九〇四〜一九一〇年、韓国国権侵奪条約の手続き上の不法性」笹川紀勝＝李泰鎮（共編著）『国際共同研究・韓国併合と現代──歴史と国際法からの再検討』明石書店、2008年、122頁。大韓帝国の人々が中立を支持していたことについては、前掲李泰鎮『東大生に語った韓国史』、90-91頁。

[26] ドロン・B・コヘン「反戦の声──内村鑑三と与謝野晶子──」『一神教学際研究2』78-92, 2006年。http://www.cismor.jp/uploads-images/sites/2/2014/02/01125fe650a6d332d732ce07b82d2972.pdf　2023年1月25日閲覧。

るロシアをも韓国支配の邪魔と切り捨てて、双方をともに排除しようとするための武力行使を進めたのである。

　前掲和田論文は、日露戦争開戦直前の状況について以下のように述べている。「ここから日露交渉がはじまるが、この交渉における基本的な対立点は、日本が韓国において「優勢ナル利益」をもつことの承認、保護国化することの承認をもとめたのに対して、ロシア側は日本が朝鮮に対する無制限の支配権をもつことを承認しないとしたところにある。それが、「韓国領土ノ一部タリトモ軍略上ノ目的ニ使用セザルコト」というロシア側の条項に表現されていた。日本側はついにこの条項をうけいれることなく、ロシア側はこの条項を引き下げることはなかった。ロシアは、自ら朝鮮に対する支配権を主張したのではない。日本による朝鮮の保護国化を条約によって承認することはできないとしたのである。・・・千九百四年二月六日、日本はロシア政府に対して、交渉の断絶、国交の断絶を通告し、独立の行動を取る権利を保留すると宣言した」とする[27]。

　それでは、「朝鮮戦争」（筆者は「韓国戦争」と呼ぶ）とはどのような戦争だったのか、前掲和田論文を見てみよう。

　「日露戦争といわれる戦争は千九百四年二月六日の日本海軍による鎮海湾と馬山市電信局占領によってはじまった。ついで日本軍は二月八日夕刻より仁川に上陸し、翌朝よりソウルに進駐した。以上は戦時中立を宣言した大韓帝国に対する公然たる侵略行為であり、朝鮮戦争の開始だとみることができる。日本軍の上陸の途中、二月八日の深夜、日本海軍は旅順のロシア艦隊を攻撃し、日露戦争も開始された。しかし、その作戦は大韓帝国皇帝に抵抗は無駄だと思わせる効果を持った。この状況の中で、ロシア皇帝は二月九日、対日宣戦の詔書を発した。これに対して、日本天皇も、二月一〇日夕刻、宣戦の詔勅を発した。」[28]

---

[27]　前掲和田春樹「日露戦争と韓国併合」。
[28]　前掲和田春樹「日露戦争と韓国併合」。

日露戦争に先立って、戦時中立を宣言した大韓帝国に対する大日本帝国による侵略である「朝鮮戦争」（筆者は「韓国戦争」と呼ぶ）が開始され[29]、その後大日本帝国による韓国[30]に対する国際法違反の軍事行動（韓国では、不法な「強制的占領」とされている）は、1945年8月15日まで継続したのである。

　和田名誉教授は、続けて次のようにロシア政府の見方について述べている。「ロシア政府はのち二月二二日に各国政府に通牒を送り、日本が韓国になした数々の「暴力行為 acts of violence」に注意を喚起した。韓国の独立は各国の承認してきたところであり、韓国皇帝は一月に中立宣言を発している。しかし、日本軍は「すべてを無視し、国際法のルールに反して」、ロシアとの敵対行為開始以前に、中立宣言を発している韓国に上陸し、ロシアとの宣戦布告以前に、仁川港でロシア軍艦を攻撃し、その他の港でロシア商船を拿捕した。日本公使は、韓国皇帝に対して、韓国はこののち日本の行政のもとに置かれると宣言した。

　ソウルを占領する日本軍がますます多くなる中で、日本は二月二三日、大韓帝国政府に日本の保護の下に入ると約束する日韓議定書に調印させた。第一の降伏文書であると言っていい。日本軍の占領は平壌に拡大し、三月には占領軍は韓国駐箚軍という名称を与えられた。その規模は二個師団である。

---

[29] 中立宣言をした国に対する軍事行動は、慣習国際法の違反である。第二回ハーグ平和会議で調印された「陸戦の場合に於ける中立国及び中立人の権利義務に関するハーグ条約」第1条によれば、「中立国の領土は不可侵とす」とされている。立作太郎『戦時國際法』有斐閣書房1913年、434頁は、「中立国の領域は交戦区域以外に立ち交戦国は自衛のための緊急の必要あるに非ざれば中立国の領域を侵すことを得ざるを以て・・・」と述べている。中立についての国際条約が制定されたのは、1907年第二回ハーグ平和会議であった。しかし、これは、それまで実行されていた中立に関する慣習国際法の成文化と見ることができる。それ以前にもスイスの中立などの国際実行が存在していた。大韓帝国がこの当時大日本帝国による不法な中立法規違反に対して軍事的に阻止する実力を持たなかったことは、歴史的な事実ではあった。だが、そのことによって大日本帝国による中立法規違反の違法な侵略が正当化されることはない。
[30] 韓国は、憲法上は1919年3月1日独立宣言以降は、「大韓民国」となったとされる。

日露戦争は本格的に千九百四年五月から満州ではじまった。この戦争は一年以上にわたって続き、翌年五月日本海海戦における日本の完勝にいたり、八月のポーツマス講和条約で終わった。しかし、日露戦争が終わっても、日本軍の韓国軍事占領にはいささかの変化もなかった。日露戦争は朝鮮戦争にもどったということができる」[31]。

こうして、大日本帝国による「朝鮮戦争」（筆者は、「韓国戦争」と呼ぶ）は、その後も継続した。この戦争のさ中に起きたのが、以下に詳述する 1905 年 11 月 17 日付「保護条約」（外務省出版の条約集によると「日韓協約」とされている）の強制締結を迫るための伊藤博文公爵による王宮の軍事占拠だった。

（1905 年 11 月 17 日伊藤博文公爵による王宮軍事占拠）

安重根義軍参謀中将は、1905 年 11 月 17 日付「日韓協約」（いわゆる保護条約）強制のための王宮慶雲宮（現在の徳寿宮）占拠を伊藤博文罪悪十五個條の第 2 に挙げている。その事件について、安重根義軍参謀中将は、裁判の最終陳述で次のように述べていることに注目すべきである[32]。

尚ほ最前弁護士検察官あたりの論告弁論の大要を聞きますと、何れも伊藤公爵の施政方針は完全無欠である、それに対し誤解を懐ひて居るといふ事を云われましたが、これは甚だ当を得て居ない。決して伊藤公の施政方針が完備しては居りません。であるから、全く誤解といふ事はありません。私は伊藤公の施政方針は充分知り抜いて居るものであります。伊藤公が韓国に駐在して対韓政策については詳細には申されませんが、その大要を述べたいと思ひます。

千八百九十五年[33]の五ヶ条の条約を締結せられた。それは保護条約で

---

[31] 前掲和田春樹「日露戦争と韓国併合」。
[32] 満洲日日新聞社編輯『安重根事件公判速記録』満洲日日新聞社、172 頁。
[33] 保護条約と言っているので、この年号は千九百五年の誤りである。

ありますが、韓皇帝を始め韓国の臣民が保護を受ける希望がなかった
にも拘らず、韓国の希望に依って締結したものであると云ふ事を伊藤
公が評判せられました。それは一進会を使嗾して金銭を与へて運動せ
しめて、皇帝の玉璽もなし、総理大臣の承諾もなし、只権勢を以て瞞
着して、伊藤公が五ヶ条の条約を締結したのである。決して韓国の希
望でやったのでないと云ふことが全然判るのであります。

１－３．日露講和会議録に残る日露の合意

　大日本帝国軍は、日露戦争後も前記「朝鮮戦争」（筆者は「韓国戦争」と呼
ぶ）を継続し、大韓帝国領である韓半島を強制的に軍事占領下に置いていた。
だから、大韓帝国を保護国化する方法としては、そのまま武力による実効支
配を確立し、保護国化を一方的に宣言する手法をとることもあり得たであろ
う。現に、閣議決定（1905 年 10 月 27 日）では、保護条約の締結ができな
い場合は、一方的に保護国化を宣言するという二段構えの決定をしていた[34]。
しかし、実際には、高宗皇帝が条約案に同意しなかったにもかかわらず、伊
藤博文公爵は、あたかも大韓帝国の合意のもとに韓国を日本の保護国とする
条約が締結されたかのような偽装を強引に創り上げることにこだわった。

　それはなぜなのか？　という問題がある。

　一つのカギは、日露講和条約（1905 年 9 月 5 日署名）の交渉議事録に残る
日露の合意が存在したことである。この日露合意があったために、大韓帝国
の保護国化への合意を確保した形を創る必要性があったのではないか[35]。

　日露講和条約は、その第 2 条 1 項で、「露西亞帝國政府ハ日本國カ韓國ニ
於テ政事上、軍事上及經濟上ノ卓絶ナル利益ヲ有スルコトヲ承認シ日本帝國
政府カ韓國ニ於テ必要ト認ムル指導、保護及監理ノ措置ヲ執ルニ方リ之ヲ阻

---

[34]　「韓国保護権確立実行に関する閣議決定」前掲『歴史認識』、135-137 頁。
[35]　中塚明名誉教授講演録　「韓国併合」100 年市民ネットワーク編『今、「韓国併合」
　　を問う〜強制と暴力・植民地支配の原点〜』アジェンダ・プロジェクト 2010 年、32-
　　44 頁。

礙シ又ハ之ニ干渉セサルコトヲ約ス」と定めた[36]。日露戦争の結果、ついにロシアは大日本帝国が韓国を保護国化することを承認したのである。

　しかし、交渉の中で、ロシア全権は、これに関連して大日本帝国が執る措置によって韓国の主権を侵害しないことを条文で明記することを要求した。これに対して、日本全権は、講和条約の条文に明記することには同意しなかったが、議事録で以下の声明を残すことによって妥協をはかった。

　　　「日本國全權委員ハ日本國カ将來韓國ニ於テ執ルコトヲ必要ト認ムル措置ニシテ同國ノ主權ヲ侵害スヘキモノハ韓國政府ト合意ノ上之ヲ執ルヘキコトヲ茲ニ聲明ス」[37]。

　この議事録上の声明があることから、大日本帝国としては、大韓帝国が保護国化について条約によって合意したという外形を創り、それを対外的に示す必要があったとみる見方には説得力がある。

1－4. 大韓帝国保護国化への政府方針

　大日本帝国政府の対韓政策は一貫していた。既定方針通り、「韓国保護権確立の件」[38]と題する閣議決定が「韓国戦争」及び「日露戦争」の開戦後、1905年4月8日に採択されている。基本政策として、全くゆるぎなく、着々と韓国を保護国とする政策が確立されてきたのである。「韓国戦争」も「日露戦争」もそのために開始され、それらの戦争が並行して継続していた。大日本帝国は、大韓帝国に対するこれらの戦争のさなかに、保護権確立政策を閣議決定していたことに注目する必要がある。

36　日露講和条約　国立公文書館 HP
https://www.digital.archives.go.jp/img.pdf/1678004　2023 年 2 月 2 日閲覧。
37　日露講和会議録　講和会議録第二号　明治三十八年八月十二日の会議　13 頁。アジア歴史資料センターHP
https://www.jacar.archives.go.jp/das/image/B06150093600　2023 年 2 月 2 日閲覧。
38　「韓国保護権確立の件」前掲『歴史認識』、131-132 頁。

保護権確立の実行をどうするかの問題がある。韓国保護権確立実行に関する閣議決定（1905 年 10 月 27 日）は、「日露戦争」終結後、「韓国戦争」が継続しているさなかで決定された。この当時、国際法学会は、実行に関する方法の研究を進めていた。国際法雑誌は、保護国化についての比較法的な研究成果をタイムリーに公表していた[39]。フランスが条約によって保護国化した複数の事例を検討していた。

　これらの事例から学んだと思われるが、前記閣議決定（1905 年 10 月 27 日）は、韓国を保護国とする方法として、第 1 案としては、具体的詳細な条文まで定めたうえで、条約によるべきことを決定している。しかし、条約の締結ができない場合は、第 2 案として一方的に保護国化を宣言する方法をも定めていた。この閣議決定からも、条約によって大韓帝国の合意を確保したとの外見を演出する必要性に力点がおかれていたことがわかる。

　しかも、この保護権確立実行の方法を定めた 10 月 27 日の閣議決定は、「長谷川司令官ヘ對シ林公使ニ必要ノ援助ヲ與ヘ以テ本件ノ満足ナル成功ヲ期スヘキ旨ノ命令ヲ發セラルルコト」（第 6 項）及び「京城駐屯ノ目的ヲ以テ輸送中ノ帝國軍隊ヲ可成本件着手以前ニ悉皆入京セシムルコト」（第 7 項）と定めていた。このように条約締結のために軍事力を行使することをあらかじめ計画していたことを記憶にとどめておく必要がある。後述の保護条約強制の段階で、伊藤博文公爵が軍事的圧力を使ってどのように韓国皇帝及びその閣僚個人を脅迫する行動に出るかを想像できる決定である。

２．伊藤博文公爵は 1905 年 11 月 17 日に大韓帝国に対して何をしたのか？

　伊藤博文公爵が指揮した 1905 年 11 月 17 日付「日韓協約」の強制締結について、筆者は、以下のように報告している[40]。

---

[39]　前掲『歴史認識』、93-138 頁。
[40]　前掲『歴史認識』、213-218 頁。

（安重根による「伊藤博文罪悪十五個條」）

1909 年 10 月 26 日伊藤博文を射殺した直後に逮捕された安重根は、日本人である溝渕検察官から、「なぜ伊藤博文を撃ったのか？」と尋問を受けた。その際、回答として、安重根が旅順監獄で書いた漢文が「伊藤博文罪悪十五個條」[41]であった。1909 年 11 月、旅順獄中で、大韓帝国人安重根義軍参謀中将が執筆した。ここには、日本による韓国の植民地化の暴力的プロセスを象徴する重要事件が端的に記述されている。これを総合的にみれば、伊藤の東洋平和の思想は、恒常的且組織的な暴力を根幹としていたことがはっきりとわかる。

筆者は、その第 2 に挙げられている理由に注目したい。韓国の植民地化の過程で、日本による恒常的且組織的な暴力を象徴する事件だからだ。安重根は、「二、一千九百〇五年以力突入于帝国皇宮威脅皇帝陛下勒定五條約事」と書いている。韓国史を少しでも学んだ研究者にはすぐわかるが、これは、いわゆる 1905 年「韓国保護条約」が強制・捏造されたことを告発している。

伊藤が何をしたのかは、「以兵力突入于帝国皇宮威脅皇帝陛下勒定五條約事」という漢文からもわかるであろう。この条約の強制締結は、伊藤が日本軍を率いて実行したが、その事実には大きな争いはない。

注目すべきことは、安重根は、その第 14 の理由で、伊藤博文は、このような罪を犯したのに、天皇を欺いてきたと主張し、検察官に天皇に真相を伝え

---

[41]「伊藤博文罪悪十五個條」は、2012 年 3 月 25 日龍谷大学社研安重根東洋平和研究センター主催のシンポジウムにおいて筆者が撮影した韓国ソウル所在安重根義士紀念館前に展示されている石碑の写真（同シンポジウム講演録の筆者の講演に【写真 3】として掲載されている）により紹介した。筆者の質問に答えた、韓国安重根義士紀念館事務局長李惠筠氏のメール（2018 年 9 月 17 日）による情報（同紀念館学芸士の意見）によれば、安重根義士は逮捕後少なくとも 4 回にわたって伊藤博文の 15 の罪悪を供述した。最初の供述は 1909 年 10 月 30 日溝淵検事の 1 回審問時であり、二つ目は、1909 年 11 月 6 日溝淵検事に書面提出（<安応七の所懐>と共に提出、外務省所蔵、紀念館庭の石碑に刻まれている）したもの。三つ目は、1910 年 2 月 9 日、第 3 回公判の時、真鍋鋳造判事に供述したもの（<公判速記録>に掲載）である。四つ目は　自叙伝<安応七歴史>に掲載されたもの。四つのバージョンの内容が少しずつ違うのは、安重根義士がこの内容を話すとき、順序を覚えて述べたのではなく、その時の感情によって順序が少しずつ違っていただけだと思われる。

てほしいと要請していたことである。伊藤は、真相を知っていたのに、それを天皇に報告しなかったのだから、当然の要請だったが、安重根の（忠臣としての）この要請も天皇に伝えられていなかったであろう。筆者は、この事例をめぐる真相を究明することが、伊藤が「余の政策」という対韓政策の根本的な問題を浮き彫りにするうえで決定的に重要だと考える。1905 年 11 月 17 日の韓国保護条約捏造事件こそが、韓国植民地化の入り口になった。そればかりか、伊藤博文公爵と安重根義軍参謀中将のヴィジョンの違いを解明するうえで最もわかり易い研究の端緒となるからである。

　「二、一千九百〇五年以兵力突入于帝国皇宮威脅皇帝陛下勒定五條約事」で安重根が言おうとしていたのはどのようなことだったのだろうか？ 1905 年 11 月 17 日に具体的には何が起こったのか？ 筆者の認識[42]は、以下の通りである。

（1905 年 11 月 17 日の「保護条約」強制締結）

　どのような歴史的経過で「保護条約」[43]が締結されたと（少なくとも日本においては）言われるようになったのだろうか。この条約は、（日本側では）文書上は、1905 年 11 月 17 日付で大韓帝国外部大臣・朴斉純と大日本帝国特命全権公使・林権助がそれぞれ署名したとされている。

---

[42] 筆者の認識は、ロンドン大学で客員研究員として研究していた当時（1992 年秋）の研究成果であって、いくつかの機会に明らかにしたが、学術書に発表したのは、下記の 2006 年の論文である。戸塚悦朗「統監府設置 100 年と乙巳保護条約の不法性──1963 年国連国際法委員会報告書をめぐって──」『龍谷法学』39 巻 1 号 2006 年 6 月、15-42 頁。2023 年本論文執筆当時もこの基本認識を変更する必要性を感じるような新たな事情は知りえていない。そこで、当時の研究成果をそのまま援用する。

[43] 1905 年 11 月 17 日付「保護条約」という一般的に普及している名称の条約原本は、日本にも韓国にも存在しない。そればかりか、1905 年 11 月 17 日付「日韓協約」という名称の条約が存在したという日本外務省による条約集も学術書もあるにもかかわらず、その条約原本もどこにも存在しないことが、近時明らかになってきている。仮に、条約が存在したとしても、1993 年国連ＩＬＣ報告書は、日本軍が、韓国の高宗皇帝とその閣僚個人を脅迫して署名を強制したので、絶対的無効であったとしている。また、韓国の白教授および国会は、高宗皇帝による批准がないことから効力を発生していないとし、日本側の合法・有効説を批判している。

　ところが、具体的な署名に至る経過はどうかと、歴史書を検討して見て驚いた[44]。1905年「保護条約」は、前記の通り、軍を伴う大日本帝国政府代表らが、大韓帝国側の韓皇はもとより、参政大臣（首相）、外部大臣ほか内閣を構成する大臣ら国家を代表する人々個々人を直接「強制」することによって署名させたものだったと言われている。このことは、ほぼ一様にどの歴史書にも書いてあったのだ。言わば「周知の事実」だったが、筆者はこのような重大な事実を全く知らなかった。人権擁護を使命とする日本の法律家として極めて恥ずかしいことだった。無知だったことを反省している。

　代表的な歴史書の記載例をあげてみよう。ハーバード大学朝鮮研究所のためにイルチョカク出版社（ソウル）より1990年出版・ハーバード大学販売、C.J.エッカートほか著の英語の歴史書がある（Eckert, C. J.; Lee, K.; Lew, Y. I.; Robinson, M.; Wagner, E. W.：KOREA OLD AND NEW A HISTORY; published for the Korean Institute, Harvard University: by Ilchokak, Publishers: distributed by Harvard University Press, 1990. p. 239. ）。問題の部分のみ和訳してみよう。

　「保護条約締結のために、日本は政界の元老伊藤博文を送った。伊藤は、日本軍を従え宮中に入り、高宗（皇帝）とその大臣を強制して、日本側の条約案の承認を迫った。しかし、韓国側が拒絶するや、これに最も強く反対する首相（参政大臣）ハン・キュウソルは日本憲兵によって会議場から引きずり出された。その後、日本兵は外務（外部）省に行き、公印を持ち出し、1905年11月17日本人の手により条約文に押捺がなされた。」と同書は記述している。

　李基白『韓国史新論』（宮原兎一＝中川清訳、清水弘文堂書房1971年、382頁）にも同様の記載がある。同原書の記載がハーバード大学朝鮮研究所の前掲書にも採用されたのだろう。これは、これらの研究書の独自の見解ではな

---

[44] 以下は、1992年秋当時ロンドン大学SOASの図書館を活用して研究した結果であるが、現在もその認識を改める必要はないと考えている。

い。ほかにも同様の記述をするものが多い。朝鮮総督府が出版したもの（市川正明編『日韓外交史料（8）保護及併合』原書房 1980 年、36～39 頁[45]）を除くと、ほとんどが同様の記述をしているのではなかろうか。筆者が入手したものを挙げてみよう。

"HISTORY OF THE KOREAN PEOPLE KOREA TRADITION & TRANSFORMATION"（Nahm, A. C., Fourth printing, 1991, Hollym, pp. 209-210.）はソウル（金浦）空港でも販売されていた。『日本帝国主義の朝鮮支配　上』（朴慶植著、青木書店 1973 年、20～21 頁）、『朝鮮民族解放闘争史』（李羅英著・朝鮮問題研究所訳、新日本出版社 1960 年、199 頁）、『韓国通史』（韓㳓欣著・平木実訳、学生社 1976 年、522 頁）などがロンドン大学の図書館（SOAS，東洋アフリカ研究学院）でも入手可能である。

　そのほかにも研究努力次第で、相当資料は入手できるだろう。①当時の大韓帝国内の報道がある（その一部は、前掲朴が引用している）。②英国人ベッセル記者の報告（前掲史料 39 頁）など海外の報道も重要な資料になるだろう。ベッセル記者は真相を的確に報道したからだろうが、日本政府に嫌われ抜いて、迫害された（前掲史料参照）。③総督府など日本政府関係の資料がある。その多くは極秘扱いされたり、焼却されたりしたであろう。一部は入手可能である（前掲史料。前掲朴が（注）にあげる「秘話」など）。なお、秘密資料については、政府に全面公開するよう強く要請したい。

　日本政府が秘匿しているはずの秘密文書その他を総合的に研究すれば、具体的かつ詳細な真相が判明するだろう。だから、日本政府、歴史学者は、なお一層の真相究明をする必要があろう。前掲の歴史書が「偽り・誤りである」という積極的証拠が提出されない限り、これらの記載が「周知の事実」であって、これに対する有効な反論がないのであるから、これらを真実として法的判断を加える以外方法がないだろう。日本人である筆者としては、自らの

---

[45] なおこの史料は、朝鮮総督府の極秘資料だが、戦後、印刷公表されたものである。日本側の目からみた詳細な間接事実を知るのによいが、もちろん生の強制行為には触れていない。

恥部を暴かれるような気がして、内心忸怩たるものがある。しかし、それが真実なら、万やむを得ず、受け容れるしかない。過去の国際法違反にもとづく原状回復・賠償義務の中には、補償・謝罪などとともに、真相の究明、事実・法的責任の承認が含まれていることを忘れてはならない。

　最近になって知ったのであるが、李泰鎮名誉教授の研究[46]は、筆者の認識が正しかったことを裏付けている。上記したのは韓国側研究者の研究だが、日本側研究者による研究がそれを裏付けていることを忘れてはならない。海野福寿教授による研究[47]は、どのように脅迫と強制がなされたか、高宗皇帝及び大韓帝国閣僚個人についての基本的な事実関係についてかなり詳しい報告をしている。荒井信一教授の研究[48]は、日本軍の司令官として軍事的な脅迫を指揮した長谷川好道大将自身の自慢話、大韓帝国閣僚ら個人を伊藤博文公爵が直接脅迫した現場である重明殿のすぐ裏手にあった米国公使館側からの目撃情報に関する情報を報告していて、脅迫の実態を裏付けている。

　なお、「韓国戦争」下にあって、大日本帝国が大韓帝国に締結を強いた国際文書としては、1905年11月17日付日韓協約（いわゆる「保護条約」、韓国では「乙巳五条約)」）の前には、これに至る二文書があり、その後1910年8月22日韓国併合条約の前に一文書がある[49]。これら五つの文書の合法性については、白忠鉉教授は、「これらすべての条約の内容は、国家の主権制限に直接関連した事案だ」とし、「当然条約締結のための全権委任状及び批准手続のすべての要件を取り揃えるべきだった」と主張して批准手続きなどを欠いた故に不成立の条約だったと指摘している[50]。

---

[46] 前掲李泰鎮『東大生に語った韓国史』。Yi, Taejin, 2007. *The Dynamics of Confucianism and Modernization in Korean History*, Cornell University.

[47] 海野福寿「1905年「第2次日韓協約」」駿台法学第91号、1994年3月3日、1-34頁。

[48] 荒井信一「韓国「保護国」化過程における軍事と外交」笹川ほか『国際共同研究・韓国併合と現代』、231-256頁。

[49] 前掲李泰鎮「一九〇四〜一九一〇年、韓国国権侵奪条約の手続き上の不法性」、117頁表五参照。

[50] この点については、批准の要否の問題に関連して後述する。

（大韓帝国による主権守護運動）

　大韓帝国の皇帝高宗は、1905 年 11 月 17 日「乙巳五条約」について、この条約を締結したことはないと明確に主張し続け、その批准を迫り続ける大日本帝国の圧力にも屈しなかった[51]。高宗は、その旨を国際的に訴え続けたが、ここでは以下二つの重要な外交的な行動をとったことに触れておく。

　その一つは、1906 年米国人ヘルベルトに託して大韓帝国と正式な国交があった欧米列強の元首にあてた親書を送り、1905 年 11 月 17 日付保護条約を締結していない事実を列強諸国に訴え、国際裁判による解決をめざそうとする外交努力だった[52]。

　もう一つは、1907 年 6 月第 2 回ハーグ平和会議に 3 人の韓国人外交官を派遣して、大韓帝国が主権（外交権）を失っていないことを国際会議で訴えようとした外交努力だった[53]。

　これら二つの外交努力は、その時は成功しなかった。しかし、1905 年 11 月 17 日付保護条約（日本政府の条約集によれば「日韓協約」）が締結されていない事実を高宗皇帝が平和的な外交手段を活用して明確に且つ一貫して国際的に主張しようとしていたという事実は、今日に至るも歴史研究の対象になっている。この事実は欧米ではかなり広く知られ、後述の国際連盟時代の

---

[51] 金基ソク「主権守護外交の終焉と復活——ハーグ密使派遣・急逝・独立運動」前掲笹川＝李共編著『韓国併合と現代』、314·329 頁。

[52] 前掲金基ソク「主権守護外交」。高宗親書は、コロンビア大学図書館に保管されている。その写真を撮影し、田中宏・戸塚悦朗・鈴木敏夫著『千円札の伊藤博文と安重根:入管体制、日韓協約、教科書検定から制度と社会を考える』（日韓記者・市民セミナーブックレット 9）社会評論社、2022 年、52 頁に掲載した。

[53] 前掲金基ソク「主権守護外交」。問題の「ハーグ密使事件」に関する興味深い以下の小説が出版されたので、紹介しておきたい。チョンミョンソプ（北村幸子訳）『消えたソンタクホテルの支配人』影書房、2022 年。筆者は、オランダ政府公文書館を訪問し、大韓帝国外交官とオランダ政府の交渉を調査した。前掲『歴史認識』、40·47 頁。

ハーバード草案[54]から 1963 年 ILC 報告書（資料 9）[55]に連なるという成果につながった。極めて重要な外交努力だったと言えよう。

（韓国強制併合から三・一独立万歳運動へ）

　これに対し、伊藤博文統監は、高宗の主権守護を目指した外交を理由に、高宗皇帝を強制的に退位させ（1907 年 7 月）、偽の詔勅によって大韓帝国軍を解散させる（1907 年 7 月 31 日）という強硬手段をとった[56]。滅亡に瀕した大韓帝国では、義軍によるレジスタンスが最高潮に達した。行き詰まった伊藤博文統監は、1909 年 4 月天皇に統監辞任の意思を伝えることとなった。1910 年 5 月 30 日第三代統監に任命された寺内正毅は、1910 年 8 月 22 日大韓帝国に対して併合条約の締結を強い、その結果 8 月 29 日併合にいたった。こうして、大韓帝国は朝鮮と呼ばれ、日本領となった。

　世界大戦終結後の世界政策について「民族自決」原則を掲げたウィルソン米国大統領の演説（1918 年 1 月 8 日年頭教書の「14 個条」）の知らせを知って、朝鮮では 1919 年パリ講和会議の機会に独立を回復できるのではないかと期待する人々もあった。

---

[54] 国際連盟時代の条約法研究のハーバード草案については、笹川紀勝「ハーバード草案のとらえるグロチウスとマルテンス——代表者への条約強制無効の法理の特徴を示すために」前掲笹川＝李共編著『韓国併合と現代』、519-554 頁。李泰鎮（翻訳・崔誠姫）「韓国併合無効化運動と欧米のメディアと学界——特に三・一運動以降、国際連盟の動向を中心に」笹川紀勝＝李泰鎮＝邊英浩共編著『国際共同研究　三・一独立万歳運動と植民地支配体制：国民意識の誕生』明石書店、2020 年、641-692 頁。

[55] YEARBOOK OF THE INTERNATIONAL LAW COMMISSION, 1963 Volume II, UN Documents of the fifteenth session including the report of the Commission to the General Assembly, p.197.
国連国際法委員会（ILC）報告書（1963 年）は、ハーバード研究草案を引用し、安重根が「一千九百〇五年以兵力突入于帝国皇宮威脅皇帝陛下勒定五條約事」と述べた、「保護条約」強制事件を取り上げた。

[56] 李泰鎮（鳥海豊訳）「三・一独立万歳運動の京城（ソウル）学生デモ実況——「京城地方法院予審終結決定書」の分析」前掲『国際共同研究　三・一独立万歳運動』145-182 頁。李泰鎮（鳥海豊訳）「国民誕生の歴史——三・一独立万歳運動の背景」前掲『国際共同研究　三・一独立万歳運動』41-96 頁。

なおも 1905 年 11 月 17 日付「保護条約」への批准を迫る寺内正毅首相の圧力に抗し続けた高宗（李大王）は、ついに 1919 年 1 月 20 日不審死を遂げたが、韓国では大日本帝国によって毒殺されたといううわさが広がった[57]。高宗の国葬が 3 月 3 日に、その予行演習が 3 月 1 日に執り行われることになった。韓国の人々の間に、「高宗殺害の仇を取る」という気持ちが充満しても不思議はなかった。3 月 1 日の京城（ソウル）における宗教者らによる独立宣言は、この予行演習の日に発表されることとなり、学生たちによるデモもこの日に実行されることが計画されたのである。結局、大日本帝国による 1905 年 11 月 17 日付「保護条約」の批准の要求を拒否し続けたことから高宗が毒殺され、その葬儀が三・一独立万歳運動の導火線となったのである。

---

[57] 前掲李泰鎮「学生デモ実況」151 頁は、「彼（総理大臣の寺内正毅）は、・・・第二に、後任の朝鮮総督の長谷川好道に特別な密命を下した。つまり徳寿宮の「李大王」に今からでも一九〇五年の「保護条約」を認める文書を要求してこれを拒否した場合には殺せと言うものだった。・・・第二の密命も「李大王」が拒否したので一九一九年一月二〇日に毒殺が恣に実行されたのだ。」と断定している。前掲金基ソク「主権守護外交」も大日本帝国による高宗の毒殺説をとっている。

第3章

日韓旧条約の国際法上の効力と
安重根義軍参謀中将裁判の不法性の検討

第4. 安重根義軍参謀中将裁判の不法性の検討

1. 安重根義軍参謀中将がハルビンで伊藤博文公爵を射殺

　安重根義軍参謀中将の「ハルビン義挙」（韓国での呼び方）についての歴史研究としては、韓国の安重根義士紀念館による資料及び獄中自叙伝が出版されている[1]。日本語でも近時多数の文献が出版されるようになった[2]。最近では、安重根義軍参謀中将の東洋平和論に注目した共同研究の成果が出版されている[3]。安重根義軍参謀中将の裁判については、公判速記録が死刑執行直後

---

[1] 韓国語版が多いが日本語版もある。①金鎬逸編『大韓国人安重根』安重根義士紀念館、2016 年 は多数の写真等資料が掲載されている。②『安重根義士の生と国を愛するストーリー：獄中自叙伝』(社) 安重根義士崇慕会・安重根義士紀念館、2013 年。

[2] 第二次世界大戦が終わってからは、朝鮮史についても研究が進んだ。1951 年に岩波書店から出版された旗田巍著『朝鮮史』は、進歩的な学風で朝鮮史のバイブルとして知られていたが、同書でさえも、「伊藤博文がハルビン驛頭で朝鮮人に殺され、・・・」(同書 198 頁)と安重根義軍参謀中将については単に「朝鮮人」とされ、その固有名詞では記述していなかった。しかし、近時詳細な記述をする書物が相次いで出版されるようになった。貴重な資料を掲載しているものとしては、①市川正明著『安重根と朝鮮独立運動の源流』(明治百年史叢書 457) 原書房、2005 年。一般書としても、優れた書物が出版されている。②斎藤泰彦著『わが心の安重根：千葉十七・合掌の生涯』(増補新装版)五月書房、1997 年。③中野泰雄著『安重根と伊藤博文』恒文社、1996 年。④佐木隆三著『伊藤博文と安重根』文芸春秋、1992 年。

[3] ①李泰鎭・安重根ハルピン学会編著＝勝村誠・安重根東洋平和論研究会訳『安重根と東洋平和論』日本評論社、2016 年。②李洙任・重本直利編著『共同研究安重根と東洋平和：東アジアの歴史をめぐる越境的対話』(龍谷大学社会科学研究所叢書第 116 巻)明石書店、2017 年。③龍谷大学社会科学研究所付属安重根東洋平和研

に出版されている⁴。

　最近の現象で注目すべきなのは、文学や芸術分野の関心が高まっていることである。2022 年 8 月に韓国で著名作家キム・フン著による『ハルビン』（韓国語）が出版され、小説としてベストセラーになった⁵。それもあって、人気俳優ヒョンビンが主演する安重根義軍参謀中将を主人公とする映画『ハルビン』の撮影が 2023 年現在進行中である。

　これは一気に起きた現象ではない。中央日報の報道（2022 年 12 月 22 日）によれば、「映画『英雄』が 21 日に公開された。独立活動家・安重根（アン・ジュングン）義士の花火のような生涯、韓国人なら胸が熱くなること間違い無しの物語だ。・・・『英雄』は創作ミュージカルとして制作された初めてのミュージカル映画という点で韓国ミュージカル史で「事件」となった。・・・安重根義士が伊藤博文を狙撃したハルビン偉業 100 周年に合わせて 2009 年 10 月 26 日に初披露されたミュージカル『英雄』は初演から 13 年間で、歌までスクリーンで再現されることになった。」⁶と言う。

　朝日新聞（吉田純子編集委員）は、「『私も当事者』劇場での気づき」（日曜に想う）で、「本や劇場は「当事者」となる疑似体験の装置であり、他者への想像力を培う触媒になり得る。そこから始まる「個」と「個」の議論こそが

究センター・李洙任教授退職記念刊行委員会編『安重根・「東洋平和論」研究：21世紀の東アジアをひらく思想と行動』明石書店、2022 年。④田中宏・戸塚悦朗・鈴木敏夫著『千円札の伊藤博文と安重根：入管体制、日韓協約、教科書検定から制度と社会を考える』（日韓記者・市民セミナーブックレット 9）社会評論社、2022 年。

4 ①満洲日日新聞社編輯『安重根事件公判速記録』満洲日日新聞社、1910 年。②満洲日日新聞社編纂『安重根事件公判速記録』（復刻版）批評社、2014 年。

5 韓国の教保文庫によるベストセラー・ランキングでは、2022 年小説部門で 2 位になった。김훈 저자(글) "하얼빈"문학동네 ·2022 년 08 월 03 일。近々同書の日本語訳が日本で出版されることが期待されている。
　https://product.kyobobook.co.kr/detail/S000061532442　2023 年 2 月 12 日閲覧。

6 中央日報日本語版【コラム】「映画『英雄』は韓国ミュージカル界の「事件」（1）」2022 年 12 月 22 日。
　https://s.japanese.joins.com/JArticle/299113?sectcode=120&servcode=100　2023 年 2 月 12 日閲覧。

重要だ」と述べている[7]。韓国では、多くの人々が、本や劇場で、安重根義軍参謀中将を当事者とする疑似体験を重ねていることになる。そこから始まる「個」と「個」の議論が韓国の人々の歴史認識を形づくる。

　日本の人々は、そのことを知ったうえで、歴史認識を深化し、改めて行くことができるだろうか。日本では、2010 年に韓国併合 100 年を迎えることになることから設立された「韓国併合」100 年市民ネットワーク（100 年ネット）が安重根東洋平和論に関する日韓の運動・研究の交流に顕著な貢献を果たした。安重根義軍参謀中将の遺墨を 4 点保管している龍谷大学の社会科学研究所付属安重根東洋平和研究センターが「100 年ネット」による研究を引き継いでさらに発展させてきた。筆者は、日韓の研究者による交流によって安重根東洋平和論をめぐる共同研究が近時顕著な発展を見せてきたことを報告した[8]。

2．安重根義軍参謀中将が伊藤博文公爵を撃った動機

　筆者は、安重根義士紀念館の前庭にたたずむ石碑、伊藤博文罪悪十五個條をみて衝撃を受けたことを忘れることができない[9]。その石碑の写真を拙著『日韓関係の危機をどう乗り越えるか？――植民地支配責任のとりかた』[10]の表紙にも掲載した。その内容を知れば知るほど、安重根義軍参謀中将と伊藤博文公爵の「東洋平和」のヴィジョンには大きな違いがあることが明らかになるであろう[11]。

　安重根義軍参謀中将の「東洋平和」のヴィジョンを知るためにもっともよ

---

7 朝日新聞（吉田純子編集委員）【日曜に想う】「「私も当事者」劇場での気づき」2023 年 2 月 12 日朝刊
　https://www.asahi.com/articles/DA3S15554101.html?iref=com_rnavi_rensai_2
　2023 年 2 月 12 日閲覧。
8 戸塚悦朗『歴史認識と日韓の「和解」への道――徴用工問題と韓国大法院判決を理解するために』日本評論社 2019 年、1-26 頁。
9 前掲『歴史認識』、213-215 頁。
10 戸塚悦朗『日韓関係の危機をどう乗り越えるか？――植民地支配責任のとりかた』アジェンダ・プロジェクト、2021 年。
11 前掲『歴史認識』、211-213 頁。

い方法は、伊藤を撃った当時の大韓帝国の状況について彼がどのように認識していたかを直視することである。伊藤博文公爵は、この戦争の状況を「東洋平和」であると主張していたのに対し、同じ言葉を用いて安重根義軍参謀中将が夢見た「東洋平和」は全く異なるものだった。彼の裁判での主張からみると、伊藤博文公爵が主導してきた大日本帝国による度重なる軍事的攻撃（戦争）の下で、大韓帝国の独立を回復しようと義軍参謀中将として戦ってきたのであり、彼は、その戦争の一環として伊藤博文公爵を射殺したと言うのである。

（安重根義軍参謀中将による裁判での主張）

　安重根義軍参謀中将本人の法廷での陳述（ハーグ第2回平和会議への特使派遣ののちの状況に関するもの）を公判速記録[12]から見てみよう。

・・・・・

それから伊藤公が更らに韓国にやって来て、宮中に参内して剣を抜いて脅やかし陛下に迫って七ヶ条の条約を締結しました。そうして皇帝を廃立し、日本に謝罪使を派遣するといふ事も七ヶ条の内に這入って居った。そういふ状態であるから韓民は上下を問はず憤慨して有志のものは腹を斬って殉するとか日本と戦ふとか人民は剣を持って日本の兵隊に抵抗する兵乱が起こりましたのであります。それから其後数十万の義兵が朝鮮八道到る處に起こりまして、それと同時に韓国皇帝から詔勅が出ました。外国が朝鮮を征服しつつある誠に国家危急存亡の秋である。この場合静座して国事を蠢々傍観するものは国民の義務でないといふ詔勅が出ました。それが為に益々憤慨して今日迄戦って納まりがつかないやうになって来たのであります。

かような訳で今日迄の間に逆殺せられた韓民は十万以上と思ひます。即ち十万有余の韓人は国家の為に盡して斃れたならば本望でありま

12　前掲『公判速記録』、173-177頁。

せうが、伊藤の為に逆殺せられたのであります。即ち生殺しにして頭をつらぬいて縄を通ふし、社会を威嚇する為に良民に示すといふやうな惨逆無道の事をやって、十万有余名を殺したのであります。其為に義兵の将校も尠なからず戦死をしました。伊藤の政策がさういふ塩梅であるから、一人を殺せば十名起り十名殺せば百名起るといふやうに漸次に起って来て、何等の利益のある所はありません。却ってそういふ害がある為に伊藤の政策の方針を変へなかったならば、韓国の独立は出来ない。又戦争は絶へないと思ひます。伊藤其者は英雄と云ひますが、奸雄であります。あれは奸智に長けて居るから、韓国の保護は円満に行くといふようなことを新聞なんかに殊更らに書いて、傍ら日本天皇陛下或は政府に対して韓国の保護は円満に行って日に月に進みつつあるといふやうに欺いて居る。其罪悪に対して韓国人民は尠なからず伊藤を憎むで是を亡きものにしようと云ふ敵愾心を起したのであります。人誰か生を楽しみ死を忌まないものがありませんか。けれども韓国の臣民は、四六時中塗炭の苦しみを受けつつあるのでありますから、平和に暮らしたいといふ考へは日本よりも深く且つ重いだろうと思ひます。

・・・・・

それで今日申上げました日本の色々の階級の人に話をしても、東洋の平和を希望して居るといふ事はそれで判るだらうと思ます。それと同時に奸臣伊藤公をどの位悪むで居るか、その程度が判るだろうと思ひます。日本人でさへさうである。況んや韓国人は自分の親戚知己が逆殺せられて、どうして伊藤を悪まないといふ事がありませんか。であるから私がつまり伊藤を殺したといふのは、此前申上げました通り、義兵の中将といふ資格でやったのであります。日韓両国の親密を阻害し東洋の平和を攪乱するものは伊藤公であるから、義兵中将の資格で殺したのである。決して刺客となってやったのではない。さうして自分の希望は、日本天皇陛下の御趣意の如く東洋平和を期するならば延いては五大州までも範を示さうといふのが目的である。私が過って罪

を犯したといふ事でありますが、決して誤って居るのではありません。
・・・・・

（義軍と戦時国際法）

　安重根義軍参謀中将は、大日本帝国の軍事行動（上記するように「韓国戦争」というべき戦争）に対して大韓帝国の独立を守ろうという大韓帝国義軍として防衛戦争を戦っていたと考えていたことは明らかである。正規軍による国家の防衛戦であれば、戦時国際法上の戦闘行為として法的に戦時国際法違反の行為がなければ、違法とはされない[13]。それでは、義軍による防衛戦争のための戦闘行為は戦時国際法上禁止されていたのであろうか？

　安重根は義軍中将であると主張するが、正規軍の軍人ではなかった。一体安重根が主張するように、正規軍ではない義軍の軍人であっても、戦時国際法が適用され、捕虜として扱われる資格があるのであろうか。

　当時の戦時国際公法は主として慣習国際法であったが、19世紀末ころからこれを成文化しようとする国際的な流れが活発になった。1899年ハーグで開かれた第1回万国平和会議において採択された「陸戦ノ法規慣例ニ関スル規則」[14]は当時の戦時慣習国際法を成文化しようとしたものと考えてよい。

　ところで、1899年陸戦規則[15]は、以下の通り義勇軍を交戦者として認めて

---

[13] 立作太郎『戦時國際法』有斐閣書房1913年、10-11頁。「戦争ハ對手国ニ對シテ平時ニ於テ許サレサル加害手段ヲ行フコトヲ認メラレタル状態ナリ」とする。

[14] 1907年第2回万国平和会議で改定され、日本は、これを1911年11月6日批准、1912年1月13日に陸戦ノ法規慣例ニ關スル條約として公布。この条約の付属文書に陸戦規則がある。

[15] 英文では、Yale Law School Lillan Goldman Law Library
http://avalon.law.yale.edu/19th_century/hague02.asp#art1 2023年7月2日閲覧。
Annex to the Convention
REGULATIONS RESPECTING THE LAWS AND CUSTOMS OF WAR ON LAND
SECTION I.--ON BELLIGERENTS
CHAPTER I.--On the Qualifications of Belligerents
Article 1

いた。

　第1章に「交戦者の資格」が定められた。

　第1条は、「戦争の法規及権利義務は単に之を軍に適用するのみならず、左の条件16を具備する民兵及義勇兵団にも亦之を適用す」としていた。つまり、1899年当時の国際社会では、「義勇兵団」にも「交戦者」としての資格及び「戦争の法規及権利義務」を認めていたのである。

　だから安重根義軍参謀中将には、交戦者としての資格を認めるべきだったし、捕虜としての処遇を与えるべきだったのである。少なくとも、その資格があるかどうかの検討が必要だったのに、検察官の主張にも、弁護人の主張にもこの論点は全くあらわれていない。裁判所の判決もこれを一顧だにしていない。

　それでは、安重根義軍参謀中将の行為は、戦時国際法が適用される戦争行為だったのであろうか。

　大日本帝国は、朝鮮にも大韓帝国にも宣戦布告をしたことは無かった。しかし、江華島を攻撃して以降、朝鮮と大韓帝国に対して軍事行動をとらなかったときはないほど絶え間なく武力行使を続けていた。日清戦争、日露戦争というが、第2章で述べた通り、それらの前後を通じて、朝鮮半島を武力に

The laws, rights, and duties of war apply not only to armies, but also to militia and volunteer corps, fulfilling the following conditions:

To be commanded by a person responsible for his subordinates;

To have a fixed distinctive emblem recognizable at a distance;

To carry arms openly; and

To conduct their operations in accordance with the laws and customs of war.

In countries where militia or volunteer corps constitute the army, or form part of it, they are included under the denomination "army."

1907年規則1条も同旨。広部・杉原編集代表『解説条約集2006』三省堂参照。

16　①部下のために責任を負う者其の頭にあること。②遠方より識別し得べき固有の特殊徽章を有すること。③公然兵器を携帯すること。④其の動作に付戦争の法規慣例を遵守すること。条件は以上の4点である。安重根義軍参謀中将に此の条件がみたされていたかは、裁判で審理すべきであった。伊藤射殺の場面では、すべてを満たしていたとは言えないが、獄中で安重根が執筆した『安応七歴史』を読むと、それ以前の相当期間、義軍としての軍事行動をとっていたことが明らかである。日本軍人を国際公法にしたがって捕虜として扱い、尋問後釈放するという、陸戦の法規慣例を尊重した人道的な処遇をしていた。

よって征服する過程で起こした、朝鮮・韓国に対する戦争をも継続していたと言ってよいであろう。

　その過程で、安重根義軍参謀中将が裁判の中で挙げた、伊藤博文公爵の十五個条の罪の大部分が犯された。日本は、宣戦布告なしで大韓帝国の宮廷を何度も武力により占領したし、明成皇后をはじめとする多数の韓国人を殺害したのであるから、それらの行為がなぜ殺人罪に問われなかったのかが疑問になる。軍人であれば、人を殺害してよいという法は無いであろう。戦時国際法で正当化される戦争の過程での正当な交戦権の行使に際して犯された殺人については、戦時国際法に違反する戦争犯罪にあたらない場合には処罰を免れるのであるから、国内法的に言えば正当な職務行為に当たる場合と同視できるものと考えられる。

　その意味で、狩野琢見弁護士がその論文[17]で、安重根の伊藤殺害を、国内法的に正当行為[18]にあたると主張したのは傾聴にあたいする。

　筆者は、安重根義軍参謀中将の行為は、独立国であった大韓帝国を植民地にしようとする日本の侵略的な軍事行動（上記するように「韓国戦争」と呼ばれる）に対して、韓国の独立を守ろうとする自衛行為である義軍としての軍事行動であったと考える。そうであるなら、安重根義軍参謀中将には、前記陸戦規則第1条の「義勇兵団」として「交戦者」としての資格があり、「戦争の法規及権利義務」が認められていたとしてよいと思われる。

　日本の朝鮮（大韓帝国）に対する軍事（戦争）行為自体を適法とするか、違法とするかどうかは、議論があるであろう。しかし、適法であろうとなかろうと、主権国家に対する武力攻撃（戦争）に対して自国の独立を守ろうとする自衛のための軍事行動（戦争）の過程で起こした人（この場合は伊藤博

17　狩野琢見「安重根無罪論」『安義士の生涯と思想——殉国第81周忌紀念国際学術シンポジウム報告集』安重根義士紀念館、1991年10月25日発行、83-108頁。
18　前掲狩野83-103頁。狩野は、安が伊藤を射殺した根拠としてあげた伊藤の罪状を詳しく研究し、安の行為は、「刑法上緊急止むことを得ずして為した「正当な行為」なのであります」とした。安がその行為により保護しようとする法益と侵害される法益と対比したうえで、安の行為の形式的違法性の推定を破る「超法規的違法阻却事由が存する」と結論している。

文公爵）の殺害は、それ自体では国内刑事法規の犯罪として違法とは言えないはずである。軍事行動（戦争）に際して、戦時国際法に照らし戦争犯罪と言える違法行為があったか否かが別途問題になる。

　だから、安重根の行為を、韓国刑事法で処罰できないからと言っても、ただちに無罪として処罰できないということはできない。安重根が「国際公法万国公法に依って処分せられん事を希望」したのは正当な主張であった。

　それでは、安重根義軍参謀中将は、捕虜としての地位を与えられるべきであったのであろうか。

　同第 2 章「俘虜」（捕虜）は、第 4 条で「俘虜は、敵の政府の権内に属し、之を捕らへたる個人又は部隊に属することなし。俘虜は人道をもって取り扱はるべし。・・・」としており、敵軍（日本）の司法官憲に捕われた韓国側の交戦者は、日本帝国政府の権内に属し、「人道をもって取扱」われなければならない。

　戦闘員は、戦闘の過程で、当然敵を殺害するなどの行為を行っている。にもかかわらず、捕らわれる前の戦闘行為の故に、捕虜を直ちに殺害することは許されない。その殺害行為が、戦争の法規慣例に違反する戦争犯罪であった場合には、裁判により処罰されることになる。

　そこで、交戦者であった安重根義軍参謀中将が、伊藤博文を殺害した行為が戦争の法規慣例に違反したかどうかを審理する必要があったのである。適用法令としては、日本帝国刑法典ではなく、戦時国際公法である陸戦法規でなくてはならない。その点の審理を全くしないままに、日本帝国の刑法典の殺人罪を適用して死刑判決を言い渡している点で、この裁判には、致命的な不法性が認められると言わざるを得ない。

　以上は、筆者が 2015 年当時に報告した[19]ことであるが、現在に至るも判断を変更する必要性を感じていない。

　安重根義軍参謀中将は、ロシア軍によって逮捕され、取り調べ後、韓国人

---

[19]　戸塚悦朗「安重根裁判の不法性と東洋平和」龍谷法学 42 巻 2 号 2015 年、1-27頁。

であることが判明し、日本官憲に引き渡され、関東都督府旅順監獄に移送された。

3．倉知鉄吉政務局長の旅順での活動

　旅順には、外務省政務局長倉知鉄吉が急派された。倉知は何を使命としていたのか？　外務省との往復電報（資料8）などにより具体的な倉知の行動を知ることができる。

　当時、重要な法的な問題点として、日本に安重根義軍参謀中将の裁判管轄権があるかどうかという管轄権問題、さらには、裁判管轄権があるとしても、韓国人に対して韓国刑法ではなく日本刑事法を適用法規とすべきか否かという準拠法問題があった。当初からこのような法的な問題があり、旅順現地の倉知政務局長と外務省首脳が密接に連絡を取りつつ研究していたことが電報の往復からよくわかる[20]。その内容から、倉知政務局長と法院との間でもこの問題をめぐって協議が進んでいたことがうかがえる。

　これを法的に整理してみれば、二つの法律問題が検討されていたと考えられる。一つは、安重根義軍参謀中将を裁判にかけるとすれば、どこの国の裁判所が裁判管轄権を持つか？　という管轄権問題がある。第二に、その裁判で、適用されるべき法は、どの国の法とすべきか？　という準拠法問題があった。

　外務省からの電報では、この二つが混然一体になって書かれているが、外務省は、裁判管轄権は日本にあり、準拠法は日本法であるという立場をとっていた（資料8）[21]。

　そして、その根拠としては、外務省（外務次官）からの電報は、大韓帝国が大日本帝国の保護国となったことを挙げている。したがって、大韓帝国の保護国化が条約（1905年11月17日付）によって合法的になされたと大日

---

[20]　倉知政務局長から石井外務次官への電報3号：韓国歴史研究院編『石梧歴史資料集2：安重根ハルビン義挙』大学社、2021年添付CD（別冊）倉知政務局長旅順へ出張中発受書類第1巻（0023L-0024R）。

[21]　外務省石井外務次官から倉知政務局長への電報3号11月8日：前掲『石梧歴史資料集2』CD第1巻（0045L-0047R）。

本帝国政府が考えていたことこそが、安重根義軍参謀中将裁判の裁判管轄権を確立する根拠であり、この裁判を合法的なものとするための大前提となっていたのである。

したがって、もし、条約による保護国化の合法性が崩れてしまえば、安重根義軍参謀中将裁判の裁判管轄権が不在ということになり、結局裁判の合法性も崩壊してしまうことになる。

さらに裁判所の公開審理が始まる前から、小村外務大臣は、安重根義軍参謀中将を死刑にすることを決定しており、倉知を通じて法院に対してその旨の判決を下すよう働きかけていたことは、電報の往復で明らかである[22]。

4．安重根義軍参謀中将裁判の不法性
（裁判所による弁護人依頼権のはく奪）

日本政府は（そして関東都督府地方法院も）、安重根義軍参謀中将を弁護しようとする私選弁護人が複数旅順に来ていたことを事前に熟知していた。ところが、裁判所は、これらの弁護人の弁護を拒否した。安重根義軍参謀中将は、これらの私選弁護人による弁護を希望していたのであって、裁判について次のように述べている[23]。

　　それからもう一つは裁判の事について申し上げます。大体私の今回の凶行は個人としてやったのではないといふ事を再三申上げましたから、御了解になりましたでせうし、又国際関係を審理する上に、裁判官を始めとして通訳弁護士迄如斯日本人を以て組織せられたまま、韓国の弁護士も来て居る。自分の弟も来て居るからこれにさすのを至当と思ふのであります。且つ弁護士の弁論でも検察官の論告でも通訳をして其大要を聞かせられた丈けで甚だ其点は私の見解からしても面白くない。のみならず、客観的に地位を替へて見ても偏頗の取扱ひだ

といふ事は或は免れないだろうと私は思ひます。

　弁護人依頼権問題（韓国の弁護士も来ているのに弁護させないという主張）、
裁判管轄権問題（1905 年 11 月 17 日付五個條の保護条約は、軍による脅迫
によって強制されたもので、皇帝による合意も玉璽もなかったなどという主
張）、捕虜の待遇及び戦争犯罪問題（義軍参謀中将として自国の独立を守るた
めの戦時下の行為であるから、国際法による裁判を求めるという詳細な主張）
は、安重根義軍参謀中将本人だけが主張した。しかし、裁判所が任命した日
本人弁護人二名は、安重根義軍参謀中将によるこれら重要な主張を全く取り
上げなかった。
　これらを総合すれば、私選弁護人の弁護を拒否した裁判所が安重根義軍参
謀中将の弁護人依頼権をはく奪したことを意味し、この裁判が不法であった
一つの重要な理由となる。

（政府が裁判官の独立を侵害）

　量刑については、極刑を外務大臣が指示し、倉知政務局長を通じて法院に
その旨が伝えられていた。判決は、前記の通り外務大臣の指示通りの結果と
なっている。政府が、裁判官の独立を犯した疑いが濃厚であり、この裁判の
不法性を示している。
　しかし、後述の裁判管轄権の不存在の方がより重大な問題であるので、弁
護人依頼権のはく奪と裁判官の独立の侵害に関わる問題については、これ以
上深入りしないこととする。

（法令の適用と裁判管轄権についての判断の誤り）

　裁判所は、前記した日本政府の指示通りに関東都督府地方法院の裁判管轄
権を認め、準拠法としては日本法の殺人罪を適用した。
　これら二つの問題について裁判所が判断を誤ったことが最も重要なポイン
トになる。そこで、まず裁判所の法的判断の論理展開の詳細を見てみたい。
　判決は、裁判管轄権問題にかなりの字数を費やし、次いで準拠法に関する

判断を下している。

　いずれの判断についても、その根拠は、1905 年 11 月 17 日付「日韓協約」（明治三十八年十一月十七日締結せられたる日韓協約）とされた。この「日韓協約」の存在を証明できない場合は、これら二つの法的判断の根拠が崩れ去ってしまう。そうなると、安重根義軍参謀中将裁判の裁判は不法と言わざるを得なくなるのである。

（裁判管轄権についての判断の誤り）

　判決は、巻末資料 7 の通り、日本の裁判所である関東都督府地方法院に裁判管轄権があることは、「明白である」としている。その判断の論理は、かなり複雑なので論理的な段階を踏んで、改めて丁寧に読み直してみたい[24]。

　　①判決[25]は、まず「以上認定したる被告等の犯罪事実に付き法律を適用するに当たりては先つ本件に関し本院が法律上正当管轄権を有することを説明せざるべからず」と、関東都督府地方法院が、「法律上正当管轄権を有すること」を説明する必要性を認めている。

　　②次いで、判決は、「本件の犯罪地及び被告人の逮捕地は、共に清国の領土なりと雖も露国東清鉄道附属地にして露国政府の行政治下に在り」としている。犯罪地及び逮捕地が「清国の領土」であるから、本来なら領土主権を持つ清国が裁判管轄権を持つことが国際法上の領土主権の原則にしたがうことになる。ところが、事件が起きたハルビン駅が、ロシアの「東清鉄道附属地」であることから、ロシア政府の「行政治下」にあって、先ずはロシア政府に裁判管轄権があることになると言うのである。

---

[24] 筆者は、これまで判決を丁寧に引用することを怠っていた。裁判管轄権についての判断の部分（以下の①から⑤まで）を飛ばして、準拠法の判断のみを引用してきた。論理が粗雑だったことを反省している。本論文では、煩瑣にわたるきらいはあるが、裁判管轄権の判断部分を巻末資料 7 に含めたほか、本文中でも 5 段階の判断の論理を全部引用した。

[25] 資料 7 の判決末尾の法律の適用判断部分を参照。

③判決は、さらに以下の通り、複雑な論理を展開している。

「然れども本件記録に添付せる露国政府の廻送係る同国国境地方裁判所刑事訴訟記録によれば、露国官憲は被告を逮捕したる後直ちに被告を審問し、しかも迅速に証拠の蒐集を為したる上、即日被告等は何れも韓国に国籍を有すること明白なりとし、露国の裁判に附すべからざるものと決定したり」と判断している。ロシア官憲は、逮捕された安重根義軍参謀中将らを取り調べた結果、韓国籍を持つことが明らかになったから、ロシアには裁判管轄権がないと判断したと言うのである。

それでは、どこの国に裁判管轄権があるのかが問題になる。

④その点について、判決は次のように判断している。

「而して明治三十八年十一月十七日締結せられたる日韓協約第一条によれば日本国政府は在東京外務省に由り今後韓国の外国に対する関係及び事務を監理指揮すべく、日本国の外交代表者及び領事は外国に於ける韓国の臣民及び利益を保護すべしとあり、又光武三年九月十一日締結せられたる韓清通商条約第五款には韓国は清国内に於いて治外法権を有することを明記せるを以って、右犯罪地及逮捕地を管轄するハルビン帝国領事官は明治三十二年法律第七十号領事官の職務に関する法律の規定するところに従い、本件被告等の犯罪を審判するの権限あるものと謂わざる可からず」と、一気に「犯罪地及逮捕地を管轄するハルビン帝国領事官」に領事裁判管轄権があると結論づけた。

判決のこの部分の判断に最も重大な誤りがあったのである[26]。

---

26 判決のこの論理の運びには、問題なしとしない。この部分の判断は、大韓帝国の裁判管轄権の存在の判断と、その大韓帝国の裁判管轄権が、「日韓協約」によって日本の領事官によって行使されることになるという、二つの重要な判断を一つの文章の中に組み込んでしまっている。だから、論理的な筋道がわかりにくくなってしまったのである。この部分は、原則的な論理展開としては、二段階に分けて書かれるべきであったと思われる。まず、第一段階として、「光武三年九月十一日締結せられたる韓清通商条約第五款には韓国は清国内に於いて治外法権を有することを明記せるを以って」という判断を先行させ、そのうえで、第二段階として「日韓協約」に言及するのが論理的であった。もしそうしていれば、判断の過程がよりわかりや

　⑤判決は、このように条約などの国際法の解釈によって、大日本帝国のハルビン帝国領事官に裁判管轄権を認めた。そうすると、次の段階として、大日本帝国国内法上の裁判管轄の分掌がどうなるのかが問題になる。その点について、判決は、以下のように国内法上の判断をしている。「然るに明治四十一年法律第五十二号第三条には満州に駐在する領事官の管轄に属する刑事に関し国交上必要あるときは外務大臣は此の規定に基づき明治四十二年十月二十七日本院に裁判を移す旨を命令したるものなれば、即ち其の命令は適法にして之に依り本院が本件の管轄権を有すること明白なりとす。」と外務大臣による事件の移送決定を適法であると判断した。

（準拠法についての判断の誤り）

　判決は、前記のような裁判管轄権の存在を前提として、どの国の刑法を適用すべきかという準拠法の問題について以下のように判断している。弁護人が、大韓帝国の刑法を適用すべきだと主張したから、この判断が必要になったのである。

　判決は、次のように述べている。

すくなったはずである。国際法上の原則から言うなら、「韓清通商条約」によって、清国領内での韓国人の裁判管轄権が、大韓帝国に存在したことは、この判決が自ら肯定していたのである。
　このことは、重要な歴史的事実であって、この判決を読む者は、この点を改めて確認すべきあろう。ところが、その判断が、一つの文章の一節内に埋め込まれてしまったために、大韓帝国の裁判管轄権の存在が埋もれてしまうという結果になってしまっている。論理展開としては、その次の段階として、果たして「明治三十八年（1905年）十一月十七日締結せられたる日韓協約」なる条約が実際に存在するのか否かという判断が行われるべきであったということになる。筆者の研究成果（この日付の「日韓協約」なる条約の原本は存在しなかった）から言うと、判決は、結論として、条約の不在を確認し、大日本帝国の裁判管轄権を否定し、原則に従って大韓帝国の裁判管轄権を肯定しなければならなかったことになる。もし、判決が二段階の論理的展開を採用していたなら、この点がより明確になったはずであった。

被告弁護人は日本政府が前顕日韓協約第一条に依り外国にある韓
　国臣民を保護するは固と韓国政府の委任に因るものなるを以って、領
　事官は韓国臣民の犯したる犯罪を処罰するに当たりても宜しく之に
　韓国政府の発布したる刑法を適用す可く帝国刑法を適用すべきもの
　にあらずと論ずるも、日韓協約第一条の趣旨は日本政府が其の臣民に
　対して有する公権作用の下に均しく韓国臣民をも保護するに在るも
　のと解釈すべきに依り、公権作用の一部に属する刑事法の適用に当り
　韓国臣民を以って帝国臣民と同等の地位に置き、其の犯罪に帝国刑法
　を適用処断するは最も協約の本旨に協ひたるものと謂わざる可らず。
　故に本院は本件の犯罪には帝国刑法の規定を適用すべきものにして
　韓国法を適用すべからざるものと判定す。

　弁護人の弁論は、興味深い論点を含んでいるが、裁判所はそれを採用しな
かった。しかし、判断の根拠には、ここでも「日韓協約第一条」を挙げてい
る。後述のとおり、筆者の研究ではこの日付の「日韓協約」なる条約原本は、
存在しない。だから、この判決の判断も誤りと言わざるを得ない。
　論理的には、大韓帝国の裁判管轄権を前提として、準拠法は大韓帝国の刑
法を適用すべきという結論になるはずである。

　（安重根義軍参謀中将の主張を無視した判決）
　それでは、安重根義軍参謀中将は、弁護人主張の通り韓国法に国外犯処罰
規定がなかったことを理由に、無罪と判断すべきだったのであろうか。安重
根義軍参謀中将自身は、法廷に於いて、戦争犯罪に当たるか否かの審理を要
求し、戦時国際法違反の理由があれば、処罰を受ける旨述べた。裁判所とし
ては、この論点について真剣に検討すべきだったのに、それを怠ったことは
判決から明らかである。
　安重根義軍参謀中将は法廷に於いて最後に以下のように述べている[27]。

27　前掲『公判速記録』、177頁。

　　もう少しあります。それで私は今申上げました通り、今度の事件は決
　して誤ってやったのではありません。誤解してやったのではありませ
　んから、今日伊藤公が対韓政策上に於て方針を誤って居るといふこと
　を今日日本の天皇陛下がしろしめしたならば、安は忠臣として嘉せら
　れるるであろうと思ひます。伊藤公を殺した刺客として待遇せられな
　いと云ふことを私は確信して居ります。日本の方針が改正せられて日
　本の天皇陛下の思召しの通り日韓両国のみならず東洋の平和が何
　時々々までも維持することを私は希望致すのであります。尚ほ申上げ
　たいのは、二人の弁護士の説に依りますると、光武三年の清韓通商条
　約に依って韓国人は清国に於ける治外法権を有して居る。又清国は韓
　国に於て治外法権を有して居るから、韓国人が海外に於て罪を犯せば
　何等の明文がないから無罪であると云ふ説でありましたが、これは甚
　だ其当を得ない説だと思ひます。今日の人間は、悉く法律の下に生活
　して居るのである。人を殺して何等の制裁が加へられないといふ訳が
　ない。併し私がそうすれば、私は個人的にやったのでなく、義兵とし
　てやったのであるから、戦争に出て捕虜になってここに来て居るもの
　だと信じて居りますから、私の考へでは、私を処分するには国際公法、
　万国公法に依て処分せられん事を希望致します。

　安重根義軍参謀中将は、処罰を求めていたのである。ただし、そのために
は、慣習戦時国際法を適用して、安重根義軍参謀中将を捕虜として処遇する
ことが必要になる。
　その前提としては、当時の大韓帝国に対する大日本帝国による軍事行動を
戦争状態（中立宣言を無視して対韓戦争を始めたことから、違法である）と
認めて、慣習戦時国際法を適用する必要があった。韓半島の大韓帝国（中立
国であった）とそこに暮らす人々は、宣戦布告こそ受けてはいなかったもの
の、実態として大日本帝国が送った大規模な正規軍による軍事行動に継続し
てさらされ続けていたのである。大韓帝国の正規軍が解散させられたのちに

も、安重根義軍参謀中将らの義軍は、独立の回復を目指して、大日本帝国軍に対して軍事的な手段を行使し、義軍として激しく抵抗していたのである。だから、その行為には戦時国際法が適用され、仮に戦時国際法の違反が認められるのであれば、これを戦争犯罪として処罰することは、慣習国際法上可能であったと思われる。ハーグ陸戦法規条約（1899年、1907年）は、戦時の慣習国際法を法典化したものと考えられるが、大韓帝国がこれを批准していなくても、慣習国際法を適用することは十分可能だった。

　安重根義軍参謀中将は、前記最終弁論の最後に、

　　　私の考へでは、私を処分するには国際公法、万国公法に依て処分せられん事を希望致します。

と弁論の最終結論を述べている。

　裁判所は、安重根義軍参謀中将が主張したように、日本刑法（又は韓国刑法）のような国内法を適用するのではなく、戦時国際法に違反するか否かについての審理を尽くすべきであった。しかし、検察官は、安重根義軍参謀中将に対して戦時国際法違反についての訴追をしなかった。不思議なことに、弁護人もこの点について何らの弁論をもしなかった。裁判所もまた、この点について判断を回避し、沈黙した。その結果、判決には何の言及もなかったのである。

第5. 日韓旧条約の国際法上の効力の検討

1. 1905年11月17日付「日韓協約」の不法性
（1905年11月17日付「日韓協約」の不法性に関する研究の概要）

　1905年11月17日付「日韓協約」の不法性及び安重根義軍参謀中将裁判の不法性については、筆者は1992年以降現在まで研究を続けてきた。筆者の研究成果を挙げてみると、本書末尾の論文リスト（戸塚悦朗著文献リスト；1905年11月17日付「日韓協約」の不存在及び安重根義軍参謀中将裁判の

不法性）の通りである。

　その結論を要約すると以下のとおりである。

　　　①国際連盟の研究（ハーバード草案）でも、1963 年国連 ILC（国際
　　　法委員会）の総会宛て報告書でも、大韓帝国代表個人に対する脅迫を
　　　理由にこの 1905 年の条約（いわゆる「保護条約」）は絶対的無効と
　　　されていた。
　　　②1905 年 11 月 17 日付「日韓協約」（上記判決が安重根義軍参謀中
　　　将裁判の管轄権の法的根拠として引用している）の原本は存在せず、
　　　条約（条文のみ）草案しかない。したがって、このタイトルを持つ条
　　　約の存在は証明できない。
　　　③大韓帝国政府代表として署名した外部大臣朴斎純には高宗皇帝の
　　　全権委任状は出されておらず、この条約には条約締結権者であった高
　　　宗皇帝による批准もなかった。したがって、この条約は効力を発生せ
　　　ず、法的には締結されなかったとせざるを得ない。これら 3 点の法的
　　　判断の詳細については、後述する。

　したがって、正当な裁判管轄権の法的な根拠を持たない裁判所によるこの
裁判は、不法だったと判断せざるを得ない。模擬裁判と同じである。不法な
裁判による死刑判決による安重根義軍参謀中将に対する死刑の執行（1910 年
3 月 26 日旅順監獄にて）は、正当な法的根拠を欠いており、国家による違法
な人の殺害であった。したがって、安重根義軍参謀中将の死刑執行は、法的
には殺人だったと判断される。

　そこで、安重根義軍参謀中将裁判の不法性を論じるのであれば、その焦点
は、1905 年 11 月 17 日付「日韓協約」の不法性に関する法的問題点を検討
することになる。詳細は、前掲論文リストの文献を参照していただきたいが、
前記三つの法的理由について、それぞれのポイントを以下に挙げてみたい。

2．1963 年国連総会宛て ILC 報告書[28]

（ILC 報告書（1963 年）発見の経緯）

　国連国際法委員会（ILC）報告書（1963 年）（資料 9）が、「一千九百〇五年以兵力突入于帝国皇宮威脅皇帝陛下勒定五條約事」と安重根義軍参謀中将が述べた、「保護条約」強制事件を取り上げたことは上記した[29]。1963 年 ILC報告書は、ハーバード研究草案が「……、保護条約の受諾を得るため韓国皇帝及びその閣僚に加えられた強制、……」と述べて事例の一つに挙げていることを指摘したうえで、「条約の署名・・・を得るために、個人の人身、又は個人的な能力に対して強制又は強迫を加える行為は、国家が条約の無効性を主張することを必然的に正当化することについては、一般に認められたことであると思われる。」と報告していたのである。

　筆者が、この報告書を知ったのは、ロンドン大学留学時代の 1992 年秋だった[30]。筆者は、日本軍「慰安婦」の韓国からの動員の根拠となった法的根拠を研究していた。日本の国内法には何の法的根拠も見当たらなかったので、当時の植民地法制の基本法であった 1905 年「保護条約」にさかのぼって考えるしかほかに方法がなかった。国際法違反こそが問題の核心であって、そこが日本政府側の論理（「従軍慰安婦」問題ほかの重大ヒューマンライツ侵害について「何の法的責任もない」とする）の最大の弱点だと考えるようになっていた。ロンドン大学の図書館で研究している時に、ILC 報告書（1963 年）の中に上記の記載を発見した[31]。幸運というしかなかった。

　実は、筆者がこの発見をもとに研究成果の論文を執筆していたころには、まだ日朝交渉が継続していた。1990 年 9 月の 3 党共同宣言に基づいて始まった日朝国交正常化交渉は、この年（1992 年）11 月 15 日に 6 カ月ぶりに北京で開催された。ところが、第 8 回会談の初日、15 日午前中に本会談が行われただけで決裂し、交渉は中断してしまった。この日には何が協議されたの

28　前掲『歴史認識』、218-229 頁。
29　前掲『歴史認識』、139-164 頁。
30　前掲『歴史認識』、1- 26 頁。
31　前掲『歴史認識』、139-164 頁。

であろうか。

　後で入手したのだが、『第 8 回朝・日政府間会談に関する資料』[32]によると、朝鮮側李三魯団長は、その冒頭発言で、本議題（第 1 議題）の討議において、「もっとも本質的問題、基本的問題」に対する見解として、歴史認識問題を取り上げた。とりわけ、1905 年 11 月 17 日「乙巳五条約」（日本側が言う保護条約の韓国・朝鮮側の呼称）の問題を集中的に論じていたのである。詳細には触れないが、筆者は、「最近、歴史学者らにより、日本の武力による脅しと強圧の方法で「締結」されたと言われていた旧条約が、事実上締結されておらず、捏造されていたことが暴露されて世人を驚愕させている今日、・・・」という李団長の発言[33]に注目した。これは、韓国の歴史学者による最新の研究について述べていたのではないだろうか。ところが、李団長は、上記の ILC 報告書には言及していなかった。

　大韓民国も、朝鮮民主主義人民共和国も国連に加盟して間もなかったこともあり、この情報が知られていなかったことは当然のことであろう。日本では、外務省内の一部はともかく、一般には全く知られていなかった。

　このとき中断した日朝交渉では、旧条約、とりわけ 1905 年「保護条約」の効力問題は、「もっとも本質的問題、基本的問題」とされていたことに留意すべきである。

（1993 年国連ヒューマンライツ委員会と IFOR 文書提出）

　筆者は、ILC 報告書（1963 年）の発見後まもなく 1992 年秋には、論文（日本語）原案を書きあげていた。しかし、この発見をどのようにして発表するかは、悩ましい問題だったことは、第 1 章で述べた。

　研究者としては、すぐに学術誌に公表すべきだったのかも知れない。筆者が学んだロンドン大学大学院（LSE）では、研究には「オリジナリティ」を求めていた。その基準としては、例えば、博士論文は、先行研究がない重要

---

[32] 在日本朝鮮人総連合会『第 8 回朝・日政府間会談に関する資料』1992 年 12 月、9-16 頁。
[33] 前掲『歴史認識』、247-248 頁。

な発見を提示するか、一般に認められている定説を説得的に覆すことが必要とされていた。筆者の発見は、研究の進め方次第では、このような基準を満たす研究の端緒となる可能性を秘めていた。だから書きあげた論文は、研究者の視点からは公表に値する重要なものになると思われた。

　ところが、日本の状況を考慮すると、すぐに公表することにはためらいがあったのである。日本では、これまで一般には知られていなかった衝撃的な情報だったから、政治的にも社会的にも特に保守層からの強い反発を招く可能性があった。そこで以前から交流があった本岡昭次参議院議員（当時）[34]の事務所に論文の原稿を送って、助言を求めた。「実名入りで公表すれば、テロリストに狙われる。公表しない方が賢明だ」という返事が返ってきた。「殺されるかもしれない」という強い警告を受けたのには困惑した。それでは日本には学問の自由がなくなってしまう。念のために定年退職した元ジャーナリストの友人にも尋ねてみたが、同意見だった。

　しばらく英国で研究生活を送っていたので、日本社会の状況に疎くなっていたのかもしれなかった。植民地支配の正当性への疑問を提起する研究が厳しいタブーに触れることに思い至っていなかった。1905 年条約が無効であれば、それを前提として締結されたことになっている 1910 年の韓国併合条約は砂上の楼閣と評価せざるを得なくなる。そうすると、「韓国併合」が「不法だった」との結論を導くことになる。日本による植民地支配を正当化したいと考える人々にとっては、是が非でも封印しておきたい法律問題だったのである。

　極めて重要な発見だったから、公益的な観点からは、公表しないで済ませるという選択肢はなかった。そこで公表の方法に工夫が必要となった。結局、筆者が選んだのは、国連ヒューマンライツ委員会への NGO 文書の提出という手段だった。それまでの国連活動では口頭発言を活用していたが、複雑な問題については書面提出の方が優れていると、知り合いの米国人教授から助

---

[34] 2004 年 7 月に政界を引退した本岡昭次元参議院副議長は、2017 年 4 月 17 日急逝された。その功績については、前掲『歴史認識』、180-184 頁。

言されていた。これなら、英語で出すことになるから、世界に向けた発信になる。日本語と違って、日本社会への影響は間接的になるだろう。審議の場も国連会議なら、日本社会とは距離もある。NGO の名前は出さなければならないが、執筆者の実名を書面上に明記しなくても済む。提出者として表に出るのは、NGO のジュネーブ主席代表である。幸い、国際友和会（IFOR）のジュネーブ主席代表（当時）だったレネ・ワドロー氏とは親しくなっていた。同氏に要請して、1993 年の国連ヒューマンライツ委員会に提出してもらうことができた。

　この IFOR 文書（1993 年）[35]の内容は、筆者の日本語論文[36]の英文による要約である。国際社会向けの初めての発信として重要である。その要旨は、以下のようなものである。国連国際法委員会（ILC）1963 年総会宛報告書を紹介し、1905 年「韓国保護条約」は、仮に形の上では締結されたように見えても、日本軍と伊藤博文が大韓帝国の政府代表個人（外部大臣外皇帝を含む）を脅迫して締結の形を作ったものであって、追完（無効なものでも後に有効なものと認める行為）も許さない絶対的無効（無効性あるものの中でも無効性が強い）な条約で、はじめから効力を発生していなかったとする。1910 年「韓国併合条約」は、それまでに日本が大韓帝国政府代表に署名を強制した諸条約、とりわけ 1905 年「韓国保護条約」に基づいているから、韓国併合も不法・無効なものとせざるを得なくなる。したがって、韓国からの「慰安婦」動員の法的根拠は不法なものであり、被害者は強い奴隷的拘束を受けたことになる。

　韓国政府も共和国政府もともに、このときまでには国連に加盟していたか

---

[35]　UN. Doc. E/CN.4/1993/NGO/36, Written statement submitted by the International Fellowship of Reconciliation, a non-governmental organization in consultative status (category II).　この文書は、筆者が執筆を担当し、国際友和会（IFOR）ジュネーブ首席代表（当時）レネ・ワドロー氏によって国連人権委員会に提出された。
[36]　前掲「統監府設置 100 年と乙巳保護条約の不法性」。拙稿を掲載したパンフレット（国際人権研究会編『1905 年「韓国保護条約」は成立していたのか』(1993 年 4 月)）参照。その他、民間団体が主催したいくつかのシンポジウムにおける筆者の同趣旨の講演および要旨を発表した雑誌論文がいくつかあるが、列挙は省略する。

ら、国連ヒューマンライツ委員会を経由して ILC 報告書（1963 年）による
1905 年「韓国保護条約」の絶対的無効性に関する記述は、両国を含めた国連
加盟国ばかりか、国連 NGO にも知られることになった。IFOR 文書提出の
ニュースは、毎日新聞とジャパンタイムスで報道され[37]、日本社会にも、日本
語と英語で知られることになった。

　このことは、国連ができてから初めて指摘されたことではなく、この報告
の注に記載されているように、国際連盟時代にすでに「ハーバード草案」
（1935 年）として結論が出ていた。しかし、日本では全く知られていなかっ
たのである。上記の報道は日本社会に衝撃を与え、国会でも審議され政治問
題化しただけでなく、日韓の学術的な対話（雑誌『世界』誌上論争）にも発
展した[38]。筆者は、統監府設置 100 年の年（2006 年）になってようやく『龍
谷法学』へ論文を発表した[39]。

3．「1905 年 11 月 17 日付「日韓協約」は不存在」という発見[40]

　筆者は、自らが発見した 1963 年 ILC 報告書の研究に限定し、その範囲の
研究にとどまっていたが、韓国の研究者との交流を通じて、李泰鎮教授の研
究に応答する必要性を痛感するようになった。

　以下述べる通り、1905 年 11 月 17 日付「日韓協約」と言われる「条約（？）」
には条約文の原本とされる文書には「日韓協約」というタイトルさえなく、
条約文が完成していなかった。衝撃的な結論だが、事実を偏見なしに直視す
るなら、それ以外の判断をすることは困難である。合理的理性と良心を備え
た人であれば、納得できるであろう。この問題に関しては、筆者は、「自らの
守備範囲ではない」と自制して、十分な研究をしていなかった。その点を含
め筆者の研究が「不十分ではないか」と李泰鎮教授から指摘されたことは衝

37 ①伊藤芳明「慰安婦問題「日韓保護条約は無効」スイスの人権組織、63 年、国連
委が報告書」毎日新聞 1993 年 2 月 13 日。　②"Treaties 'were forced on Korea' U.N.
intervention urged over 'comfort women'", The Japan Times, February 16, 1993.
38 前掲『歴史認識』、222-229 頁。
39 前掲「統監府設置 100 年と乙巳保護条約の不法性」。
40 前掲『歴史認識』、51-58 頁

撃だった。

　李泰鎮教授の研究を見てみよう。

　李泰鎮教授の著書[41]に掲載されている 1905 年「韓国保護条約」の英訳には、"CONVENTION" というタイトルがある。この英文への翻訳は、日本政府が作成し、日本の内外に広く公表したものである[42]。"CONVENTION" という英語の用語は、ウィーン条約法条約[43]に使用されている英文用語と同じである。日本政府は、【ウィーン条約法条約】の "CONVENTION" の日本語訳としては、「条約」を使っている。ところが、日本政府刊行物は、1905 年「韓国保護条約」の場合は、「協約」という日本語をタイトルに付して流布している。このように、日本政府は、韓国語版「条約（？）」の原本には実在しないタイトルを、あたかも真実存在するかのようにみせかけるタイトルを勝手に付して英文翻訳文を作成し、国際的に流布した。これは、この文書が適法に成立したかのような外観を作って、文書に外形的信用性を与え、欧米列強を欺くための作為であったと批判されてもやむを得ない。少なくとも、そのような疑惑を招く。これを、誤解と言い切れるだろうか。

　なお、日本政府外務省条約局による英語版であるが、李教授が注記している文献は、前掲注に記載したが、1908 年に出版されたものである。

　筆者が李教授の「捏造（偽造）説」を支持するに至ったのは、李教授の著書掲載の韓国語版原本の写真（タイトルがない）と英文訳写真（タイトルがある）を見比べたことによる。李泰鎮教授の指摘する英文 "CONVENTION" という英文タイトルを、1934 年に大日本帝国外務省が出版した日本所在の文献[44]によって自ら確認したことにより、確信にまで強まった。この 1934 年版

---

[41] Yi, Taijin, 2007. *The Dynamics of Confucianism and Modernization in Korean History*, Cornell University, p. 200.

[42] According to the footnote of *supra* Yi, Taijin, 2007. p. 200 to Figure 3b, the translation in English is compiled in the **Kankoku choyaku ruisan** (1908).

[43] Vienna Convention on the Law of Treaties.　Vienna 23 May 1969.

[44] 外務省条約局, 1934 年. 『舊條約彙纂第 3 巻（朝鮮・琉球）』外務省条約局（昭和 9 年 3 月）、204 頁。【外務省が京都帝国大学に寄贈したものであるが、2009 年 11 月 14 日京大付属図書館所蔵において閲覧し、確認した】

『舊條約彙纂第3巻（朝鮮・琉球）』は、2009年11月15日京大付属図書館において自ら閲覧、写真撮影したのである。以下にそれ（写真1）を掲載し、読者の参考に供したい。

（写真1）

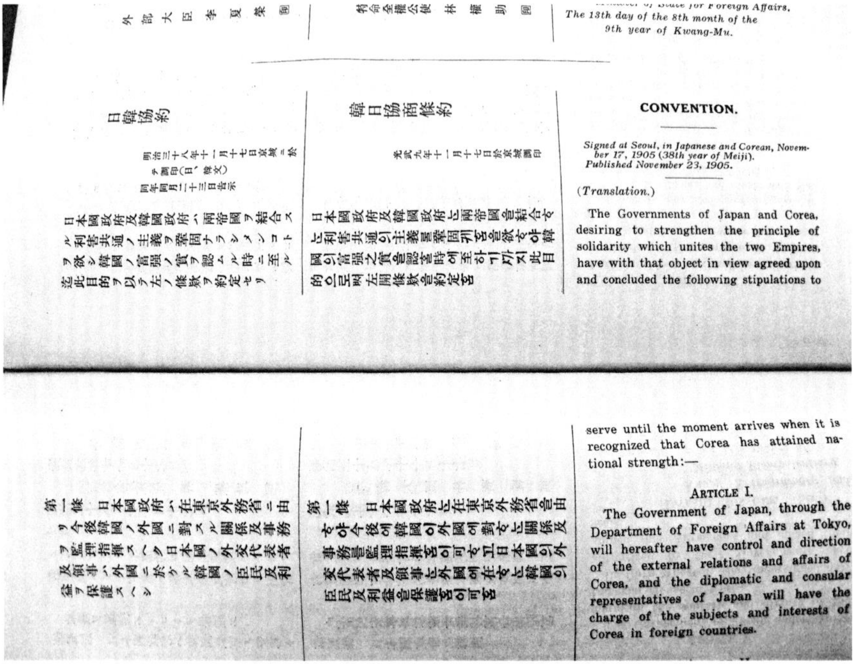
外部大臣 李夏榮 印

特命全權公使 林權助 印

...Minister of State for Foreign Affairs,
The 13th day of the 8th month of the 9th year of Kwang-Mu.

日韓協約

明治三十八年十一月十七日京城ニ於テ調印（日、韓文）
同年同月二十三日告示

日本國政府及韓國政府ハ兩帝國ヲ結合スル利害共通ノ主義ヲ鞏固ナラシメンコトヲ欲シ韓國ノ富強ノ實ヲ認ムル時ニ至ル迄此目的ヲ以テ左ノ條款ヲ約定セリ

韓日協商條約

光武九年十一月十七日於京城調印

日本國政府及韓國政府는兩帝國을結合하는利害共通의主義를鞏固케함을欲하야韓國의富强之實을認할時에至하기까지此目的으로左開條款을約定함

CONVENTION.

Signed at Seoul, in Japanese and Corean, November 17, 1905 (38th year of Meiji).
Published November 23, 1905.

(*Translation.*)

The Governments of Japan and Corea, desiring to strengthen the principle of solidarity which unites the two Empires, have with that object in view agreed upon and concluded the following stipulations to serve until the moment arrives when it is recognized that Corea has attained national strength:—

第一條 日本國政府ハ在東京外務省ニ由リ今後韓國ノ外國ニ對スル關係及事務ヲ監理指揮スヘク日本國ノ外交代表者及領事ハ外國ニ於ケル韓國ノ臣民及利益ヲ保護スヘシ

第一條 日本國政府는在東京外務省을由하야今後에韓國이外國에對하는關係及事務를監理指揮함이可하고日本國의外交代表者及領事는外國에在하는韓國의臣民及利益을保護함이可함

ARTICLE I.

The Government of Japan, through the Department of Foreign Affairs at Tokyo, will hereafter have control and direction of the external relations and affairs of Corea, and the diplomatic and consular representatives of Japan will have the charge of the subjects and interests of Corea in foreign countries.

この文献から分かることを列挙してみよう。

第1に、1934年段階で、大日本帝国外務省の出版物は、1905年「韓国保護条約」の英文翻訳文のタイトルとして、“CONVENTION”を付していた。この事実は、李教授の著書掲載写真の出版物よりも、26年後の外務省出版物でも確認できたのである。

第2に、李教授の著書の韓国語版原本写真にはタイトルが存在しない。ところが、大日本帝国外務省は、同出版物の韓国語版（1934年出版）で「韓日

協商條約」との名称を付していた。これは、筆者には新たな発見であった。

　第3に、筆者は日本語版原本を確認していなかった。「これにはタイトルがあるのであろうか？ 日本政府が保管する日本語版 1905 年「条約（？）」原本を自分自身で確認する必要がある。」そう考えて、2010 年 2 月 9 日に日本の外務省外交史料館において、日本語版原本を筆者自ら視認して確認した。

　驚いたことに、日本語版文書原本の文面の 1 行目は、空白になっており、タイトルがなかった。原本は、外務省職員が白い手袋をはめて持参してくれたのであるが、筆者は原本に触れることも、写真を撮ることも許されなかった。そこで、外交史料館が閲覧とコピーを許しているマイクロフィルム版のコピーと原本をその場で自ら視認して見比べ、1 字ずつ比較対照のうえ、原本とコピーが同一であることを確認した。なお、インターネットでも写真[45]（写真 2）が公開されているが、これもマイクロフィルム写真と同一であることを確認することができたので、これを次頁に掲載する。

　大日本帝国外務省は、1934 年の政府刊行出版物の日本語版（写真 1）には、「日韓協約」との名称を付していた。ところが、日本の外務省が保存する日本語版文書（写真 2 の原本写真には、タイトル・名称がないことに注意）の冒頭部分には、「日韓協約」というような文字は全く見当たらず、1 行目の空白だけが確認できた。

　つまり、大日本帝国外務省による出版物には、日本語版【筆者は 2010 年 2 月 9 日原本を自ら視認して確認した】にも、韓国語版【韓国に保存されている韓国語版原本にタイトルがないことは李教授の著書写真で確認できる】にも、タイトルがある。筆者が確認した 1934 年の大日本帝国外務省出版物に掲載されている英文翻訳は、日本語版「条約（？）」文及び韓国語版「条約（？）」文と並べて掲載されているのであるが、そのいずれにもタイトルがあることになっていたのである。

---

[45] 外務省外交史料館所蔵資料。ウェブサイト：
　　www.jacar.go.jp/goshomei/index.html　2010 年 6 月 25 日閲覧。

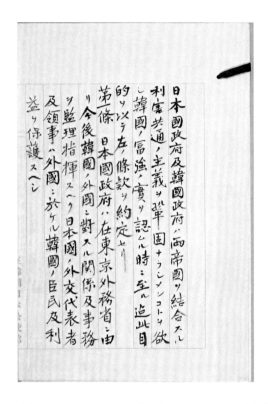

（写真2）

　これは、筆者には新たな発見であった。英語版については、李教授の著書に写真が掲載されているが、1908年出版の条約集と同様の英文タイトル"CONVENTION"が1934年出版物でも付されていたことが確認できた。また、韓国語版原本には、李教授の著書掲載写真でみるかぎりは、タイトルがないのにもかかわらず、1934年大日本帝国外務省出版の条約集には、「韓日協商條約」というタイトルがあった。

　結論としては、1905年「韓国保護条約」は、大日本帝国政府が、韓国語版も、日本語版も、英訳版さえも、すべて「捏造」して公表したと評価されてもやむを得ない。韓国語版原本【李教授の著書掲載写真】にも、日本語版原本【上記写真2】にもタイトルがないことが真実であると確認できたのである。だから、主要国に配布されたであろう英文訳も捏造であると判断される。

　以上の次第であるから、1905年「韓国保護条約」原本には、もともとタイトルもなかったのであり、これは未完成な文書に過ぎなかった。言い換えれば、条約文起草段階の原案、すなわち、草案（条文部分）でしかなかったと考えるのが合理的である。大日本帝国政府は、未完成の条約文原案に、勝手にタイトルを付して1905年「韓国保護条約」を捏造し、これを内外に一方的に公表したものと判断される。

　ジュネーブ条約法条約が確認した当時の慣習国際法では、条約は文書によって締結されるのが通則であることを考えるなら、このような条約の捏造行為が重大な問題であることはあきらかである。日本政府が「日韓協約」（韓国語では「韓日協商條約」、英文では"CONVENTION"）という「条約（？）」が存在する旨政府刊行物などによって捏造した影響は大きかった。世界諸国政府がそのように誤信したのである。100年余のちまで日本の研究者は、「日韓協約」が存在することを当然の前提として研究し続けてきた。最近でも、1905年日韓協約を政府刊行物からそのまま転載して資料として掲載する学術書46さえある。専門の研究者さえ政府刊行物の真実性・誠実性を信頼しきってきたのである。だから、日本の首相たちが、1905年「韓国保護条約」ばかりか、1910年「韓国併合条約」など旧条約が法的に合法的に締結され、有効なものとして実施されたとする歴史認識を改めることができなかったのも無理がなかった。1905年「日韓協約」として捏造された1905年「韓国保護条約」が実際に存在することを前提に、日韓関係に関する研究、教育、言論、啓蒙活動がなされてきたのである。だから、政治家を含め日本に暮らす人びとの歴史認識が歪むのも無理がないと言えよう。

---

46 例えば、海野福寿編『日韓協約と韓国併合史』明石書店、1995年、187-189頁。同書に掲載された明治38年11月17日付けの文書には、日本語版は「日韓協約」、韓国語版には「韓日協商條約」、英語版には"CONVENTION"との3カ国語のタイトルが付されている。これは、海野教授が外務省條約局出版（1934年3月）の前掲『舊條約彙纂第3巻（朝鮮・琉球）』より転載して同書付録につけたものである。海野教授は、1905年のこの文書の原本には、外務省宣伝の通りのタイトルがあるものと確信していたのであろう。日本のこの分野の研究者も、この文書が「捏造」された時から100年経過した後までも日本の外務省によって欺かれ続けていたことを示す一つの証拠として挙げておく。

● 　存在する日本語版の原本には、外務省が存在すると主張する「日韓協約」というタイトルがなく、これは条約の草案に過ぎないと判断される。したがって、外務省が存在すると主張する 1905 年 11 月 17 日付日韓協約という条約の存在を証明できない。すなわち、この日韓協約という条約は存在しないと判断される。

● 　したがって、裁判所が判決で「明治三十八年十一月十七日締結せられたる日韓協約第一条によれば・・・」として裁判管轄権の存在の法的根拠とした「日韓協約」というタイトルの条約原本の存在は証明されなかった。

４．1905 年 11 月 17 日付「日韓協約」は条約として不成立

　以下論述するように、1905 年 11 月 17 日付「日韓協約」については、(仮にそれが存在すると仮定しても) 以下述べるようにその批准書が存在せず、韓国側研究者が主張する通り条約として成立していなかったと判断される。しかし、日本の研究者が迷路に入り込んでしまい、このような韓国側の法的判断に疑問を提起してきた。どこで迷路に入り込んでしまったのだろうか[47]。

　この溝を埋めるためには、日本側の研究者がより研究を深めて、日韓の対立を克服する必要があろう[48]。そのためには、この論点 (国家代表者個人に対する強制による無効論) の研究に止まることなく[49]、韓国の研究者が提起してきた批准の欠如の問題に関する研究をも進めることが重要だと思われる。

---

[47] 前掲『歴史認識』、229-239 頁

[48] 大変残念なことではあるが、批准不要説を主張してきた海野教授及び坂元教授は、途中から国際共同研究から抜けてしまい、論文を撤回してしまった。だから、笹川紀勝＝李泰鎮 (共編著)『国際共同研究・韓国併合と現代——歴史と国際法からの再検討』明石書店、2008 年には、同教授らの論文が掲載されていないし、それ以後の 2 冊の共同研究にも掲載されていない。その経緯については、前掲書序文 (9-34 頁) に笹川教授が報告している。

[49] 筆者は、1963 年 ILC 報告書を発見したので、『龍谷法学』39 巻 1 号の論文を発表した 2006 年当時までは、『世界』誌上対話を横目で見ながらも、この問題に限定して研究を進めてきた。ところが、前掲『歴史認識と日韓の「和解」への道』シリーズの第 1 回目である『龍谷法学』48-1 (2016 年) 論文で詳しく報告した通り、安重根義軍参謀中将の裁判の不法性を研究する過程で、李泰鎮教授など韓国側の研究者からの建設的批判に応答して、1905 年保護条約について批准の要否の問題にも研究範囲を広げるようになった。

　1905年「韓国保護条約」（1905年11月17日付「日韓協約」）には批准書がなかったことについては、日韓の間で争いがない。

　問題は、批准が必要であったか否かである。

　条約、とりわけ独立主権国家の外交権を奪うという、国家の存立に関わる重要な条約を、その国の外務大臣の署名限りで締結できるか否かという問題がある。主権国家が外国に外交権を奪われて、独立を失うほどの重要な条約が皇帝など主権者の同意（批准）なしに、有効に締結されるなどということは、当時の国際法上も有り得なかった。

　1905年当時の大韓帝国では、全権代表により署名された条約は、一定の手続を経た後、皇帝が条約批准書に署名し、玉璽を押捺して承認・批准しなければ効力を発生しないこととされていた 。ところが、1905年「韓国保護条約」には高宗皇帝は最後まで署名も玉璽の押捺もしなかった。同条約に批准がなかった点では、日韓間で争いはない。

　しかし、日本政府側は、大韓帝国皇帝の同意に基づく批准なしに国家が外交権を委譲し、独立を失う条約を締結することが国際法上あり得るとして、「批准不要説」を唱えてきた。

　「批准不要説」を代表する海野説は、日本の外務省の実務（1936年当時のもの）を根拠に、1905年「韓国保護条約」は、高宗皇帝の批准がなくても有効に締結されたと主張する[50]。

　これに対して、韓国ソウル大学で国際法を教えていた故白忠鉉教授は、1905年「韓国保護条約」及び1910年「韓国併合条約」を含め、「日本が・・韓国の主権を段階的に強奪した五つの条約」について、「これらすべての条約の内容は、国家の主権制限に直接関連した事案だ」とし、「当然条約締結のための全権委任状及び批准手続のすべての要件を取り揃えるべきだった」と主

---

[50] 海野福寿「Ⅰ研究の現状と問題点」、海野福寿編『日韓協約と韓国併合——朝鮮植民地支配の合法性を問う』明石書店、1995年 17頁参照。海野教授は、「後考をまちたい」としながらも、「韓国・北朝鮮の歴史学者などが主張している全権委任状、批准書の欠如をもって法的欠陥とみなす無効論に対しては、批准を必要としない第二種形式の国家間協定もありうるので、にわかに賛成し難い」と、「批准不要説」を唱えている。

張して、「批准必要説」を唱えて、日本側と対立していた[51]。

　李泰鎮教授は、「略式条約で国権を委譲できるのか（上）」、（『世界』2000年5月）及び「同(下)」（同 2000 年 6 月）などで詳しく述べているように「批准必要説」を唱えてきた。

　海野教授は、すでに 1994 年の段階で批准不要説を唱えていたが、その根拠として挙げていたのは、1936 年の外務省の行政基準[52]であった。これをもとに、「韓国・北朝鮮の歴史学者などが主張している全権委任状、批准書の欠如をもって法的欠陥とみなす無効論に対しては、批准を必要としない第二種形式の国家間協定もありうるので、にわかに賛成し難い」と主張する。1936年の基準を根拠として、1905 年締結の条約の有効性を主張することが法的に妥当な論理になり得るか否かについては、後に検討する。

　この批准欠如問題について坂元教授が発表した代表的論文には、「日韓保護条約の効力――批准問題を中心に――」[53]がある。坂元茂樹教授は、条約法を専門分野とする国際法研究者である。それだけに坂元教授がこの論文で批准不要説を唱えたことは、日本の研究者ばかりか一般社会にも大きな影響を与えたと思われる。これに対して、伝統的国際法の多数の資料を参照した筆者の研究成果[54]は、故白忠鉉教授（国際法学）と李泰鎮教授（歴史学）が唱えてきた批准必要説を支持するものだった。

　ところが、坂元教授の批准問題に関する前掲論文も、日欧の論文を多数引

51　白忠鉉「日本の韓国併合に対する国際法的考察」前掲『国際共同研究・韓国併合と現代』、389 頁。
52　海野教授は、「一九〇五年「第二次日韓協約」」（『駿台史学』1994 年 91 号　1·34頁）ですでに批准不要説を唱えていた。その根拠として上げたのは 1936 年の文書、外務省条約局『各国ニ於ケル条約及び国際約束締結の手続ニ関スル制度』である。この文書に、「我国に於イテハ批准ノ形式ニ依リ締結スル条約ノ外ニ、天皇ノ裁可ヲ以テ締結スル国際約束ト、御裁可ヲ仰グコトナク政府又ハ関係官庁限ニテ締結スル国際約束」とあり、次の三種に区分されるとする。「・・・第二種　批准ヲ要セズ、唯陛下ノ御裁可ヲ以テ締結スル国際約束。・・・」とされていることをあげる。
53　坂元茂樹「日韓保護条約の効力――批准問題を中心に――」『中央大学法学新報』第 104 巻 10・11 号、1998 年、1·30 頁。
54　筆者が本論文末尾の文献リストにあげた論文等を参照されたい。

用し、国際法学者らしい論理を展開して執筆されているように見える。何度読んでみても、「どこで迷路に入り込んでしまって、結局批准不要説に到達してしまったのだろうか？」、理解することが難しかった。しかし、この疑問を解決できないと、批准不要説（日本側）と批准必要説（韓国側）の対立は、永久の平行線となる。結局、水掛け論に終わってしまうだろう。そうなると日韓の和解の前提としての歴史認識について相互理解が深まらないだろう。電車に乗る時にも、坂元論文をカバンに入れて持ち歩いて考え続けた。

　そんなある日、突然「謎が解けた！！」と直感した。わかってみると簡単なことではあったが、重要な発見と思われた。武漢大学での発表（2018年10月）に招かれていたときだったので、その中心に据えて、参加者の意見を尋ねてみたいと思い、大至急英文の論文[55]を仕上げた。その発表の核になる部分は以下のとおりである。

（‘Inter-temporal Law’が鍵）

　今考えてみると、なぜ今までこの問題に気が付かなかったのだろうか？「コロンブスの卵」の逸話がある。わかってみれば、誰にでもわかりそうな視点なのだ。それなのに、なぜ誰もこの視点からの検討をしなかったのだろうか？　学生時代、幾何学の難問を解くときに、的確な補助線を引くことを思いついたら、一気に問題が解けた。筆者以外にも、そんな経験をした人は少なくないのではないだろうか。

　それと同じで、要は今までと違う角度、視点から問題を見直してみることなのである。

　ここで補助線は、‘Inter-temporal Law’という概念である。これをもとに考察すると、難問が簡単に解けることがわかった。これこそが迷路から抜け出す鍵になったのである。

---

[55] Totsuka Etsuro, "A way towards Japan's defreezing of its decolonization process" International Conference: Beyond the San Francisco System: Exploring East Asian Peace and Cooperation system in the 21st century, October 27-28, 2018, Wuhan University China Institute of Boundary and Ocean Studies.

オッペンハイム（第9版、1996年）の『国際法』は、日本でも広く参照されているが、そこには、「条約は、その締結の時に実施されていた国際法の一般規則に照らして解釈されるべきである——いわゆる inter-temporal law」とされている[56]。これは、日本語では「時際法」として知られているが、藤田久一教授によるパルマス島事件判決に関する解説[57]が参考になるであろう。「法的事実（行為）はそれに関連する紛争が発生しまたは解決される時に有効な法ではなくて、それと同じ時代の法に照らして評価されなければならない。」のである。

　ところで坂元教授の前掲「日韓保護条約の効力——批准問題を中心に——」論文は、1905年11月17日の「保護条約」について批准が不要だったという説を主張している。その理由だが、この条約の条約文には、批准を必要とするという文言がないことを根拠にしている。

　坂元教授は、まず、「議論の出発点として、そもそも、日韓保護条約が批准を要する条約であったかどうかという点がまず問題になる。全文五カ条からなる本条約にはいわゆる批准条項が存在しない。・・・こうした場合であっても、批准条約と考えるべきなのであろうか。」という問題提起から議論を始めている[58]。

　そして、最終的には、「しかし、前述したように、同条約が批准を要する条約であったということは条約の文言からもまた当時の状況からも考えにく

---

[56] "A treaty is to be interpreted in the light of general rules of international law in force at the time of its conclusion - the so-called inter-temporal law".　Robert Jennings and Arthur Watts, (eds.), *Oppenheim's International Law Ninth Edition Vol. 1 Peace Parts 2 to 4*, Longman, 1996, p. 1281.

[57] 藤田久一『国際法講義Ⅰ　国家・国際社会』東京大学出版会、1992年、214頁は、1928年4月4日のパルマス島事件判決に関する注(3)で、「この判決でフーバー仲裁人は、行為又は法状態の有効性はその時点で有効な法に従って判断されなければならないという時際法の関連原則について検討した。法的事実（行為）はそれに関連する紛争が発生しまたは解決される時に有効な法ではなくて、それと同じ時代の法に照らして評価されなければならない。・・なお、この判決では、特定事件の事実について一定の日（時期）が「決定的」となる、所謂クリティカル・デートの用語が使われた。この事件では、・・この条約の日付は「決定的時点（critical moment）」と呼ばれた。」としている。

[58] 前掲坂元論文「批准問題を中心に」、6頁。

い。」という批准不要説の結論が導かれている[59]。

　議論の出発点から最終的結論までの間には、多数の日欧の論文や条約など
が引用されていて、国際法学者らしい議論に見える。1 カ所ごとの論理の運
びは細部を見れば、「もっとも」と思えないでもない。ところが、まるで迷路
のような議論が続いていて、「わけがわからない」という印象を持ったことを
告白しなければならない。

　そこで、前述した'Inter-temporal Law'という補助線を引いて読み直してみ
た。

　第 1 に問題になるのが、前記パルマス島事件判決の藤田教授の解説が述べ
ている「決定的時点（critical moment）」をいつと考えるか？　という問題か
ら解いてゆきたい。

　「決定的時点」は、1905 年 11 月 17 日の「日韓保護条約」に関する紛争を
解決しなければならない現在の時点なのであろうか？　それとも、この条約が
締結されたとされる 1905 年 11 月 17 日なのであろうか？　一般規則から言
えば、「条約は、その締結の時に実施されていた国際法の一般規則に照らして
解釈されるべきである——いわゆる inter-temporal law——」（前掲オッペン
ハイム 9 版）という公式に当てはめて考えなければならない。そうだとする
と、正解は、「決定的時点」はこの条約が締結されたとされる 1905 年 11 月
17 日ということになる。したがって、この条約の効力の問題は、現在の法で
はなく、1905 年 11 月 17 日当時に実施されていた国際法の一般規則に照ら
して解釈されるべきであるということになる。

　これに気が付くのにずいぶん回り道をしてしまった。そのために、迷路に
入り込んで訳がわからなくなっていたのである。ところで、坂元論文が取っ
ている論証過程（前掲論文 6-16 頁）に戻って検討して見よう。

　この少し前の部分（5 頁）では、条約法に関するウィーン条約（1969 年採
択、1980 年発効、1981 年日本加入）の批准の定義（第 2 条）から議論を始
めている。続いて大韓帝国国制（1899 年）に触れている。「条約は明示に規

---

[59] 前掲坂元論文「批准問題を中心に」、16 頁。

定されていない場合でさえ通常批准を必要とするのが一般規則であると主張されることがある」としてマクネアー論文（1961年）を引用しているが、この注（4）で1935年ハーバード草案が同じ立場であることも述べている。これに対して、「条約は、別段の明示の規定がない場合には、批准を要しないというのが一般規則だと主張する論者もいる」として、注（5）でフィッツモーリスの論文（1934年）、シンクレアの論文（1984年）を挙げている。

　冒頭部分だけだが、坂元論文が論拠としている資料を検討してみた。これ以上続けても相当煩瑣になる[60]。ここでやめておきたい。一体坂元論文は何を論証しようとしているのだろうか？　論文等が作成された時を見てみると、韓国の研究者が批准必要説の根拠として挙げている大韓帝国法制だけは違うが、そのほかは、すべて1905年以降に書かれたり、採択された文書である。坂元論文は、迷路に迷い込んでしまって、結局現在の国際法上の原則を論証しようとしているように見える。筆者は、これに気が付いて、「これでよいのか？」と疑問を抱いたのである。

　前に検討した通り、「決定的時点」は、この条約が締結されたとされる1905年11月17日であるから、この条約の効力の問題は、1905年11月17日当時に実施されていた国際法の一般規則に照らして解釈されるべきなのである。したがって、1899年制定の大韓帝国法制をのぞき、その他の「決定的時点」（1905年11月17日）以降の資料は、すべて不適当として引用することを避けなければならなかったのである。ところが坂元論文が依拠したほとんど大部分の資料は、「決定的時点」以降に作成されたものである。これこそが、坂元論文が迷路に入り込んでしまって、批准不要説の立証に失敗してしまった原因と思われる。

　1936年の外務省資料を引用して批准不要説の根拠としている海野論文への疑問についても同じことが言える。これも「決定的時点」である1905年

---

[60] それ以後、注（6）以降の引用論文等の資料もほとんどが、「決定的時点」である1905年11月17日以降のものである。例外としては、中村進午『国際公法論』（明治30年、1897年）などがあるが、これらは、批准必要説をとっているので、坂元論文の結論である批准不要説の根拠とはならない。

11 月 17 日以降の 1936 年の資料をもとに、それ以前の国際法を証明することは適当ではない。

　そうすると、批准不要説を唱えてきた海野論文と坂元論文は、'Intertemporal Law' の視点から言って、説得力を失ったと結論してよいだろう。

　筆者のそれまでの研究を振り返って見ると、決定的時点である 1905 年 11 月 17 日当時の日本の国際法学者の国際法に関する著作を網羅的に調査していた。その結果、批准不要説は見い出せず、批准必要説一色だったことがわかった[61]。また、当時の国際法雑誌に掲載された研究成果を見ても同様だった[62]。詳細は、これらの筆者の研究成果を参照していただきたい。ここでは、筆者の研究成果は、韓国側の研究者の主張と一致するという結論のみにとどめておきたい。

　以上 3 つの理由から、安重根義軍参謀中将裁判が裁判管轄権の根拠とした条約が存在しない（あるいは、無効又は不成立）のであるから、結局、安重根義軍参謀中将は、裁判管轄権を持たない不法な裁判所により死刑判決を受けたことになる。

第 6．結論

1．安重根義軍参謀中将裁判の不法性についての結論

　結論は以下の通りである。
- 1905 年 11 月 17 日付「日韓協約」は存在しないことが証明された。
- この条約が存在することを裁判管轄権の根拠とした日本による安重根義軍参謀中将裁判は不法であった。
- 判決が認めているように、大韓帝国に安重根義軍参謀中将の裁判管轄権があった。
- したがって、その後継である大韓民国には安重根義軍参謀中将の名誉回復措置をとる権限がある。

---

[61] 前掲『歴史認識』、49-92 頁。
[62] 前掲『歴史認識』、93-138 頁。

●安重根義軍参謀中将の行為は、不法な軍事的侵略に対して大韓帝国の独立を守るための正当な自衛行為の一環であった。

2．韓半島植民地支配の不法性についての結論

結論は以下の通りである。

●1905 年 11 月 17 日付「日韓協約」の存在を前提とする併合条約による大韓帝国（韓半島）の併合は不法だった。

●したがって、強制動員問題に関する 2018 年 10 月 30 日韓国大法院判決（憲法判断を根拠にして大日本帝国による韓半島の植民支配は「不法強占」であるとした）の判断は、国際法の視点でも正当であると判断できる。

（まとめ）

誤った裁判の被害者側であり、裁判管轄権を持っていた韓国の公的機関は、安重根義軍参謀中将の名誉回復措置をとることができると考える。

ところで、それは、どのようなプロセスで可能になるだろうか。今後、これに向かって研究を進めることが求められている。

日本の公的機関が、筆者が到達した判断を受け容れ、裁判の過ちを認めることができるようになることが望ましい。

そのためには、以下述べるようないくつかの困難を克服する必要がある。

第 1 に、沈黙を強いる社会からの圧力に抗して、研究者が研究を蓄積し、討議することが必要である。

第 2 に、沈黙を強いる頑強な抵抗にもかかわらず、研究成果を日本社会に自由に公開できるようになる環境を実現することが期待される。

第 3 に、目を背けたいことではあるが、日本社会の多数の人々及びメディアが、公開された研究成果を率直に受け容れることができるまでに成熟する必要がある。

第 4 に、そのようなプロセスの次に来るのが、日本の公的機関が研究成果に沿った結論を公式に公表することができる勇気を持てるようになる段階で

ある。

　現在の日本の状況は、ようやく第 2 段階の入口にたどり着いたところではないだろうか。たとえば、筆者が所属する実務法律家の自治組織である日本弁護士連合会は、会内で研究者の研究成果を学習し、その報告書をまとめることができる段階にまでは到達した。しかし、2023 年 7 月現在では、残念ながら、未だその成果を一般に公開することができない段階にとどまっていることを告白しなければならない。

　最後に、過去の自らの過ちを承認することは、いずれの組織でも極めて困難であることを想起する必要がある。過去の過ちを認めて、自ら真実を受け容れることが如何に困難かを示すわかりやすい事例がある。

　筆者が着目したのは、ガリレオの地動説に対する迫害の事例である。1632 年『天文対話』が発禁となり、1633 年宗教裁判で有罪判決が下され、軟禁されたガリレオは 1642 年に死亡した。その後 1992 年教皇パウロ 2 世がこの宗教裁判が誤判であったことを認めてガリレオに謝罪するまでには、実に没後 350 年という時間が流れたのである。

第4章

1904年1月21日大韓帝国中立宣言と「不法強占」

第7. 歴史と法

（法律家が歴史認識問題に関わる意義）

　日韓基本条約第2条の解釈を韓国側の日韓旧条約の原初的無効論に合わせようという、歴史家が主導した2010年の日韓有識者署名運動については、第1章で述べた。この運動が韓国でも日本でも大きな成果を収め、成功したことは間違いがない。しかし、大日本帝国による大韓帝国の植民地支配が「不法」だったという法的評価を確定的なものとすることには失敗した。それもあって、安倍政権を中心とした保守派による戦前帰りと歴史修正主義の流れを押しとどめることができなかった。

　その失敗の一つの原因だが、2010年の有識者署名運動には法律家がほとんど参加していなかったことを検討する必要はないだろうか。筆者は、それがこの運動の弱点だったのではないかという仮説を第1章で提起した。それにしても、なぜこの署名運動に法律家がほとんど参加していなかったのだろうか。その一つの原因は、歴史と国際法が交錯するこの問題が日本では長い間タブー視されていたために、筆者を含めた法律家による研究と論議が不十分だったことにもよると思われる。

　それとも、この問題は、歴史学者の関心事ではあっても、法律家の関心事ではなかったのだろうか。この問題の研究が歴史学の方法論に基いてなされるべきもので、法学研究の方法論の範囲外だったからなのであろうか。

　筆者の著書[1]が韓国で出版されたことを契機にして、上記の問題についての

---

[1] 戸塚悦朗『日韓関係の危機をどう乗り越えるか？——植民地支配責任のとりかた』

韓国史研究の第一人者である李泰鎮名誉教授にお願いして講演会（2022 年 11 月 18 日ソウル）[2]を開いていただくことができた。その際、筆者は、韓国併合 100 年（2010 年）前後の日韓の歴史家と法律家による国際的共同研究の成果を高く評価し、今後もそのような共同研究をさらに発展させる必要があることを強調した。しかし、その際、歴史認識問題の研究に法律家の出る幕があるのか否かの根本問題については論じなかった。

　法律家である筆者の歴史認識についての研究は、具体的に言うなら、①100 年以上も前の日韓の間の旧条約の効力の研究、②特に、1905 年 11 月 17 日付「日韓協約」の効力の研究（さらには、この「日韓協約」を裁判管轄権の根拠とした安重根義軍参謀中将裁判の不法性に関する研究）、③1910 年 8 月 22 日付の韓国併合条約によって大日本帝国が大韓帝国を合法的に植民地支配したという主張の妥当性に関する研究、④本シリーズで執筆中だが、大日本帝国による大韓帝国の植民地支配の不法性に関する研究などがある。これらの諸問題については、筆者は、すでにいくつかの著書[3]さえ出版してきた分野なのである。それにしても、これらの諸問題は歴史家の研究対象なのだろうか？　それとも法律家の研究対象なのだろうか？

　筆者は、これまで、このような歴史と法が交錯する分野について議論する前提として、歴史と法の関係について意識的には検討しないまま研究を進めてきた。法学部の学生時代に日本法制史の講義を履修したことがあるものの、それ以外には、およそ歴史学の方法論についての訓練は受けなかった。第 1 章で告白した通り、韓国の近現代史についても、予備知識を欠いたままに、成り行き任せで研究を進めてきてしまったのである。だから、いつも、若干

アジェンダ・プロジェクト、2021 年。
[2] 戸塚悦朗講演「日韓共同研究の在り方──韓国語版出版を記念して」、主催・会場韓国歴史研究院（李泰鎮院長）、日時 2022 年 11 月 18 日、司会金昌禄教授。その際主催者の李泰鎮名誉教授の挨拶があり、最近韓国では歴史と法研究会が設立されたとのことだった。
[3] ①戸塚悦朗『歴史認識と日韓の「和解」への道──徴用工問題と韓国大法院判決を理解するために』日本評論社、2019 年。②戸塚悦朗『「徴用工問題」とは何か？──韓国大法院判決が問うもの』明石書店 2019 年 10 月。③前掲戸塚悦朗『日韓関係の危機』。

の後ろめたさを感じていた。今になってそのことを反省している。歴史と法
の関係について、一度ゆっくり考える必要があると感じてきた。そう考えな
がらも、長年果たせなかった課題なのである。およそ歴史学とはどのような
学問なのか、そのような基本問題についてさえもよくわからないままに研究
を進めてきたことを認めなくてはならない。

　清水幾太郎訳による E.H.カー著の『歴史とは何か』（岩波新書）[4]を読み始
めては、全体を精読することもなく、中途で投げ出してしまった。何度か試
みても、よく理解できないままにしてきたことが悔やまれる。書架の同書の
タイトルを時折眺めては、「いずれ時間がある時にじっくり読もう」と考えつ
つも、そのまま先送りにしてきた。筆者にとっては、そのような長年の宿題
だったのである。

　最近になって、日弁連の連続勉強会で議論になったことを契機にして、大
日本帝国による大韓帝国の植民地支配の不法性という歴史と法が交錯する研
究課題について一応の考えをまとめる必要に迫られ、本シリーズの論文を執
筆し始めた。シリーズをまとめるにあたって、歴史問題への法律家の役割を
考えるために、改めて同書を読み直してみた。

　歴史と法の関係はどのようなものなのだろうか？

（「勝てば官軍」は歴史学の枠組みなのか？）

　E.H.カー著の『歴史とは何か』は、今回も難解だったが、非常に印象深く
読むことができた。精読しているうちに、興味深い議論があることに気付い
たのである。「勝てば官軍」という記述[5]をみつけたところから、にわかに関

---

[4] 清水幾太郎訳＝E.H.カー著『歴史とは何か』岩波書店、1962 年。

[5] なお、「勝てば官軍」は、訳者清水幾太郎による意訳である。原書(E.H. Carr, *What is History?*, second edition, Penguin Books, 1987, p.79.)では、"The losers pay." （英語版初版と原文は同じ）とあり、原文を直訳すれば、「敗者が支払う」という意味である。清水訳は、それを裏返しにして、勝者の側からの見方を前面に出している。日本語としてはわかりやすい意訳である。筆者は強い印象を受けたが、この訳には原文より以上の強いメッセージ（戦いの結果によって勝者の論理が正当化されるという含意）が含まれてしまったのかもしれない。その点に留意する必要がないだろうか。この原書第 2 版（上記 Penguin Books）は、近藤和彦訳『歴史とは何か

心が深まった。

Ⅲ「歴史と科学と道徳」の章の中で、「歴史家は、裁判官ではない」[6]という節があることにも注目したい。それに続いて、「道徳的判断の規準」[7]の節の中で、カーは以下のように書いている。

「歴史というのは一つの闘争の過程で、そこではいろいろな結果——われわれがそれを善いと判断するにしろ、悪いと判断するにしろ——が、直接間接、いや、間接より直接が多いのですが、とにかく、ある集団の成功として、他の集団の敗北として生み出されるのです。勝てば官軍です。苦難は歴史につきものです。すべて歴史上の偉大な時代には、その勝利と共にその不幸があるものです。これは、ひどく複雑な問題であります。なぜなら、一方よりも他方が善であると測れるような尺度を私たちは持っていないのですから。・・・歴史では、この問題はよく「進歩の代償」とか「革命の犠牲」とかいう題目の下で論じられます」

およそ歴史学者にとっては、歴史的事象の判断枠組みは、このようなものなのだろうか？ そういう感慨がわいてきて、にわかに同書に親しみを感じた。もし、このような判断枠組みが歴史学の基礎にあるのなら、どうであろうか。1910 年 8 月の大日本帝国による大韓帝国の植民地化という事態は、圧倒的に強力な武力をもった大日本帝国軍の占領下にあって、義軍によるゲリラ的な防衛戦争のほかには軍事的に全く抵抗するすべを持たなかった大韓帝国は、屈服せざるを得なかった。植民地支配は、このように大韓帝国が軍事的に敗北したことによって起きた歴史的な結果だったことは疑いがない。もし、「勝

新版』（岩波書店 2022 年）として出版されているが、「敗者が犠牲になる」（近藤訳、129 頁）と訳している。主語（The losers）が「敗者」と訳されている点で英語原文のニュアンスに近くなっている。
[6] 前掲『歴史とは何か』、110-112 頁。
[7] 前掲『歴史とは何か』、113-116 頁。

てば官軍」という歴史的事象の判断枠組みをそのまま適用するなら、国際法上の「不法性」などという価値判断を問題にする余地もなくなり、そのむき出しの武力闘争の結果こそが正当な歴史だと評価すべきだということになるのだろうか。このような判断枠組みを受け容れるのであれば、日本政府が終始主張してきたように、勝った大日本帝国による大韓帝国の「植民地支配は合法だった」という主張を、敗者となった大韓帝国が受け容れざるを得ないという事態が、歴史学上は妥当であるということになるだろう。

　仮に、「勝てば官軍」という定式に歴史家の歴史認識の方法論の基礎を見出そうとするなら、そのような結論を導くことも可能だろう。カーは、「歴史家は裁判官ではない」とも言う。そうだとするなら、「大日本帝国による大韓帝国に対する植民地支配は不法だった」などという（裁判官まがいの）筆者による法律学的な判断と、「勝てば官軍」という判断枠組みをもつ歴史家の判断とは正面から衝突することになる。

　もし、そうだとするなら、カーによる歴史学の方法論と筆者による法律学の方法論は両立しがたいことになる。筆者のような立論は、法律家としてはともかく、歴史家としては否定すべき立場だという結論に至るのかもしれないのである。

　筆者は、第 1 章で、「禁門の変」で敗れ、「朝敵」となった長州藩が、薩摩藩との同盟によって官軍に成り代わって、倒幕に成功したクーデターの歴史について触れ、「勝てば官軍」という評価を引用したことを想起している。明治政府の下では、歴史家は、そのような評価を一般に広めた。

　結局は、勝者の論理が「善」であり、「合法」ということなるのか？

　もし、そうであるなら、大韓帝国の植民地支配についても、大日本帝国の言い分が歴史学的には正しいということになる。また、それを踏襲する戦後の日本政府の言い分も歴史学的には正しいということになるのだろう。

　そうであるなら、植民地支配の「不法性」を検討することは、法律家の仕事ではありうるにしても、歴史家の仕事ではなくなる。もしそうであるなら、植民地支配を不義不当だったとして、日韓基本条約の解釈を韓国政府の主張（旧条約の原初的無効論）に合わせようとした 2010 年の歴史家を主体とす

る日韓有識者の署名運動は、歴史家の判断枠組みを超えたものだったということにならざるを得ないだろう。

（植民地化を許容してきた歴史家たち）

　さらにカーの『歴史とは何か』を読み進んでみよう。

　「死骸の山を越えて」[8]という節は、産業革命の事例から始まっている。それに続く植民地支配問題についての記述を読んでみよう。

　　　「十九世紀に西洋諸国はアジアおよびアフリカを植民地にしましたが、歴史家たちは、その世界経済に対する直接の影響という理由だけでなく、これらの大陸の後れた諸民族に対する長期的な結果ということも理由にして、この植民地化を許容しております。つまり、現代インドはイギリスの支配が生んだ子どもであり、現代中国は、十九世紀の西洋帝国主義の結果とロシア革命の影響とが混じたものである、というのです。」

　19世紀の西洋諸国によるアジア及びアフリカの植民地支配について、世界経済と「これら大陸の後れた諸民族に対する長期的な結果」という二つの理由から、歴史家たちは、「この植民地化を許容しております」と、カーは記述している。

　もし、歴史家の判断枠組みがそうだとすると、大日本帝国による大韓帝国の植民地支配も、歴史家は同様に許容していると考えるべきなのであろうか？

　そうであるとすると、筆者が取り組みつつある大韓帝国の植民地支配の不法性の研究は、歴史家からすれば無謀な試みだということになろう。カーほかの世界的な歴史家が打ち立ててきた既存の判断枠組みを覆すほどの内実を持つものでない限り、筆者の立論は充分な説得力を持たないということにな

8　前掲『歴史とは何か』、116-118頁。

りそうである。

　このような記述に出会うと、これまで筆者がカーの著書を途中で投げ出したくなったのも理解できるのではないだろうか。

　「歴史学とはこのようなものなのか？」という失望感にさいなまれた。どうしても、歴史問題には法律家の出る幕はないのだろうか？

　今度はここでくじけることなく、さらに同書を読み進んでみよう。

（「道徳的な掟」と歴史学）

　カーは、「超歴史的な価値があるのか」[9] という節で、以下のように非常に興味深い記述をしていることに気が付いた。カーは、歴史と日常生活で用いる道徳上の掟の関係について、比喩を用いて、以下の通りわかりやすく説明している。

　　　「これらの抽象的観念は思想に欠くことの出来ない範疇なのですが、ただ、それに特殊な内容が盛り込まれるまでは、意味もなければ、用いようもないのです。別の比喩をお好みになるのでしたら、私たちが歴史や日常生活で用いる道徳上の掟は、印刷の部分と書いた部分とがある銀行小切手のようなものと申しましょう。印刷の部分は、自由と平等、正義と民主主義というような抽象的な言葉で出来ております。これは大切な範疇です。けれども、私たちがどのくらいの自由を誰に与えようというのか、私たちが誰を平等な仲間と認めるのか、どの程度までなのか、それを私たちが他の部分に記入しないうちは、小切手は価値がないのです。私たちがある時に何を記入するかは歴史の問題であります。抽象的な道徳的観念に特殊な歴史的内容が与えられて行く過程は、一つの歴史的過程であります。」

　ここまで読み進んで、ようやくカーの考え方が理解できたと実感した。歴

---

[9]　前掲『歴史とは何か』、118-122 頁。

史と法の関係に関する筆者の見方は、カーの歴史観（上記の部分に関する限り）とそれほど異なっていない。「自由と平等、正義と民主主義というような抽象的な言葉」について書かれたこの比喩は、ヒューマンライツを保障する国際法[10]の発展過程を頭において書かれているのに違いないと直感した。

　筆者にはそうとしか考えられないが、それを読者に理解していただくためには、この比喩をどう解釈するかについて若干の検討をする必要がある。

　まず、この比喩が書かれた時期を確かめてみよう。

　同書原書[11]のもとになったカーによるケンブリッジ大学での講演がなされたのは、1961 年 1 月から 3 月である。このときのヒューマンライツを保障する国際法がどのような発展段階にあったかを想起するなら、カーの記述はよく理解できるのである。

　ヒューマンライツ（human rights）は、それ以前から英米法（国内法）によって保障されてきた人権（civil rights）とは異なり、1942 年以前は法概念としては存在しなかった。その源流は、1942 年 1 月 1 日付連合国宣言にある。それ以前には英米法にも国際法にも、この言葉はみあたらない。ヒューマンライツは、1945 年 6 月にサンフランシスコで採択された国連憲章という多国間基本条約の形で実定法の条文（前文以外 6 カ条に含まれた）として、国際法の世界に初めて登場した。

　その内容は、1948 年 12 月 10 日世界ヒューマンライツ宣言として国連総会が採択することによって世界人類の初めての権利宣言として立ち現れることになった。この宣言は、「自由と平等、正義と民主主義というような抽象的な言葉」を理念として高らかにうたっている。しかし、これは概括的な宣言

---

[10] 筆者は、ヒューマンライツを保障する国際法と、人権を保障する憲法（国内法）は異なることを明確にするため、国際法の平面で保障される human rights（英米語）を「ヒューマンライツ」（日本語）と翻訳し、国内法の平面で憲法によって保障される「人権」と区別することを提案している。戸塚悦朗『外国人のヒューマンライツ』日本評論社 2023 年参照。

[11] 原書：E.H. Carr, *What is History?*, (The George Macaulay Trevelyan Lectures delivered in the University of Cambridge January-March 1961), London, Macmillan.

にすぎず、まだ法的拘束力を持つ条約ではなかった。カーの言う「抽象的な言葉」にとどまっていたのである。

　カーが講演した1961年の段階では、（欧州ヒューマンライツ条約などの地域的な条約はともかく）宣言の内実をより具体的かつ詳細に定めた、法的拘束力のある世界的な国連ヒューマンライツ条約は出来上がっていなかった。国連は、ヒューマンライツの基準設定作業に膨大な時間をかけた。自由権規約（個人通報権を保障する同選択議定書と共に）と社会権規約という法的拘束力を持つ条約の採択によって、「私たちがどのくらいの自由を誰に与えようというのか、私たちが誰を平等な仲間と認めるのか、どの程度までなのか」について、具体的に定めたのは1961年よりのちのことだった。それができ上がるには、カーの講演の5年後である1966年の国連総会を待つ必要があった。これらの条約は、世界ヒューマンライツ宣言と合わせて、世界ヒューマンライツ章典と呼ばれた。

　カーは、このように「抽象的な道徳的観念に特殊な歴史的内容が与えられて行く過程は、一つの歴史的過程であります」と述べている。振り返って見ると、カーのケンブリッジ大学での1961年講演は、世界ヒューマンライツ章典起草に国連が専念している途上でなされているのである。カーはこの過程を「歴史的過程」と呼んだのではないか。筆者にはそのように感じられてならない。このようなヒューマンライツを保障する国際法の発展は、1966年後もその他のヒューマンライツ条約の国連による起草作業として継続した。

　このような基準設定作業だけでは、国連のヒューマンライツ実現の努力は終わらなかった。ヒューマンライツを保障する国際法の実効的な実施手続きを実際に実現する必要があったからである。筆者は、1984年以降、そのようにして発展してきた国連憲章上の手続き[12]を活用して、日本にかかわるヒューマンライツを実現するための国連NGO活動を実践した。その過程をいく

---

12 筆者は、憲章上の手続き以外にも、ヒューマンライツ条約手続きの活用も検討した。しかし、日本による国際ヒューマンライツ章典の受け入れが、個人通報権条約受け入れを拒絶するという不完全批准のままにとどまったことから、政府報告書審査手続き（自由権規約本体に含まれている）以外には活用できなかった。

つかの著書[13]で報告している。

　ガラパゴス化しつつある日本は、ヒューマンライツを保障する国際法手続（政府報告書手続きを除いて）の大部分について未だに受入を拒絶しているが、その事態も歴史的な過程として研究されなければならないだろう。自由権規約委員会ほかの条約機関が実行してきた個人通報権条約によるヒューマンライツを保障するための国際法の実行は、膨大な先例として積み重ねられて来ていることを忘れてはならない。カーは、このようなヒューマンライツに関する国際法の発展に関する研究が歴史家の仕事に含まれること、つまりは、歴史家の関心事であると述べているのだと考えられる。実は、この分野の仕事は、法律家の本業に属するのであって、法律家の関心事でもあることも疑いがない。

　だから、この分野（ヒューマンライツを保障する国際法の発展過程）は、歴史家と法律家が共同して研究する必要があることは、カーの指摘から言って間違いがないと言うべきであろう。

　そうであるなら、それ以前の国際法、例えば戦争法規（戦時国際法）、戦争の違法化、植民地支配の違法化などに関する国際法の発展過程も、また歴史家の関心事であると言ってよいはずである。

　ここまで検討を進めてきた結果、第1章、第2章、第3章で検討してきた「韓半島の植民地支配の不法性」の研究は、歴史家と法律家が共同で研究すべき分野であることには、読者も同意していただけると思う。

　つまりは、国際法の発展過程に関する問題及び国際法違反の諸問題に関する研究であるなら、その分野は歴史家と法律家の共同研究の対象となると言えるのである。

　このような趣旨で、法律家である筆者が更なる検討を加えなければならない歴史上の過程に関する重要な課題を、以下に挙げてみたい。

---

13 ①戸塚・広田共編『精神医療と人権』(1)(2)(3) 亜紀書房1984年、1985年』。②戸塚悦朗『普及版日本が知らない戦争責任』現代人文社2008年。③戸塚悦朗『国連人権理事会——その創造と展開』日本評論社、2009年。

（戦争の違法化のプロセス）

　E.H.カーは、『危機の二十年』という本を出版しているが、この本の第 1 版は 1939 年に出版されている。この中で、カーは次のように書いている[14]。

> 「1914 年以前には国際法は、現行国際秩序を変革するために戦争に訴えることを非合法として非難することはなかった。というのは戦争以外の方法で変革をしようとしても、そのために合法的機関が設置されるということはなかったからである。1918 年以後、「侵略」戦争を非難する世論がほぼ全世界に広がり、しかも世界のほとんどすべての国家は、政策手段としての戦争を放棄する条約に署名した。したがって、現状を変える目的で戦争に訴えることは、今日では通常、条約義務の不履行ということになり、それゆえ国際法上違法なのである。」

　1914 年は、第 1 次世界大戦が始まった時であり、1918 年はその停戦が実現した時である。「世界のほとんどすべての国家は、政策手段としての戦争を放棄する条約に署名した」というのは、1928 年不戦条約[15]の締結を指している。カーがこのように書いたのは 1939 年だった。

　戦争抛棄ニ関スル条約（1929 年 7 月 25 日条約第 1 号、同年 7 月 24 日発効）[16]は、次のように定めている。

---

[14]　原彬久訳＝E.H.カー著『危機の二十年──理想と現実』岩波書店 2011 年、364 頁。

[15]　不戦条約は、1928 年 8 月 27 日パリで採択された。「ケロッグ＝ブリアン条約」とも「パリ条約」とも呼ばれている。当初は、15 カ国間で結ばれ、その後 63 カ国が加わり 1929 年 7 月に発効した。ブリタニカ国際大百科事典小項目辞典より。
　https://kotobank.jp/word/%E4%B8%8D%E6%88%A6%E6%9D%A1%E7%B4%84-124847　2023 年 11 月 7 日閲覧。
　その正式名称は、「戦争抛棄ニ関スル条約」御署名原本・昭和四年・条約第一号
　https://www.digital.archives.go.jp/DAS/meta/listPhoto?LANG=default&BID=F000000000000031615&ID=&TYPE=　2023 年 11 月 7 日閲覧。

[16]　同志社大学 HP より
　https://www1.doshisha.ac.jp/~karai/intlaw/docs/paris_convention_1929.htm
　2023 年 11 月 7 日閲覧。

第一条　　締約国ハ国際紛争解決ノ為戦争ニ訴フルコトヲ非トシ且其
ノ相互関係ニ於テ国家ノ政策ノ手段トシテノ戦争ヲ抛棄スルコトヲ其
ノ各自ノ人民ノ名ニ於テ厳粛ニ宣言スル
第二条　　締約国ハ相互間ニ起コルコトアルベキ一切ノ紛争又ハ紛議
ハ其ノ性質又ハ起因ノ如何ヲ問ハズ平和的手段ニ依ルノ外之ガ処理又
ハ解決ヲ求メザルコトヲ約ス

　戦争の違法化の歴史については、前記の通り、最近の日本でも優れた研究[17]が積み重ねられて来ている。国際連盟の常任理事国の地位にありながら、満州事変（1931年）を起こし、大日本帝国は、傀儡国家満州国に対して米国政府による不承認宣言を受け、国際連盟のリットン調査団報告書の総会審議による非難など、四面楚歌の状況に陥った。そして、大日本帝国は、ついに国際連盟を脱退するにいたった。このような事態は不戦条約による戦争の違法化の結果と言って間違いないだろう。だから今日でも、中国人の戦時強制連行被害者については、現日本政府も企業との間の和解を認めざるを得ないのであろう。このように不戦条約がその後の国際情勢に大きな影響を与えたことは明らかである。しかし、人類は、現実には戦争の根絶には未だに成功していない。

　ここではこれ以上の詳細は述べない。

　それでは、1914年以前は、あらゆる戦争行為が合法だったのであろうか？

　実はそうではなかったことは、以下の検討から明らかになるであろう。

（安重根義軍参謀中将と国際公法・万国公法）

　それは、安重根義軍参謀中将が裁判の最終弁論で主張した「国際公法、万国公法」に関わる問題である。安重根義軍参謀中将は、第3章で述べた通り、1910年最終弁論の最後に、

---

[17] 例えば、米国の平和運動による戦争の違法化の努力について、三牧聖子『戦争違法化運動の時代——「危機の20年」のアメリカ国際関係思想』名古屋大学出版会、2014年。

　　　私の考へでは、私を処分するには国際公法、万国公法に依て処分せら
　　　れん事を希望致します。

と弁論の最終結論を述べている。
　安重根義軍参謀中将が指摘したように、伊藤博文公爵を撃った 1909 年 10
月 26 日当時の大日本帝国と大韓帝国の関係が「戦争」状態だったことを前
提として[18]、大日本帝国が大韓帝国に加えていた軍事行動＝戦争が国際法上
違法と評価されるのかどうかという法的な問題の検討が課題となると考える。
　これは歴史と法が交錯する分野であって、歴史家のみならず、法律家の関
心事である。
　なぜこのような検討が必要になるのであろうか？
　安重根義軍参謀中将が大日本帝国の軍事行動＝韓国戦争に抗して、大韓帝
国の独立を守ろうと防衛戦争を戦って伊藤博文公爵を射殺したのは、1909 年
だった。これは、カーの言う 1914 年よりも 5 年前のことであって、未だ国
際連盟も創設されていず、不戦条約も締結されていなかった。だから、「現行
国際秩序を変革するために戦争に訴えることを非合法として非難することは

---

[18]　この点については、「植民地戦争」という概念を朝鮮史研究の流れの中に位置づ
　け、「・・・より具体的にいえば，日清戦争時の第 2 次甲午農民戦争、日露戦争，
　義兵戦争までの植民地征服戦争と，三・一運動を挟んで，朝鮮防衛のための満州・
　シベリアでの革命干渉・民族運動弾圧（間島虐殺など）までの広範な「戦時・準戦
　時」行動の継続という植民地防衛戦争である。また，1931 年以降の満州抗日戦争
　のなかにも朝鮮での植民地戦争との継続面が見られる。それにもかかわらず，いま
　だに日本近代史においては「植民地戦争」を「戦争」として捉える歴史認識は、決
　して定着しているとはいえない。つまり，植民地研究側からの問いかけに応答しう
　る，近代の戦争認識がいまだに確立されていないのである。」と述べる愼蒼宇教授
　（法政大学）の分析に注目すべきである。安重根義軍参謀中将の主張（戦争を戦っ
　てきたという認識）が日本では今は無理であっても、やがて理解されるようになる
　日はそれほど遠くないのではないかと思われる。愼蒼宇「【特集】「植民地戦争」の
　視座からみた近代日本の「戦争」──近代日本史の中の「不在」を問う（1）特集
　にあたって」大原社会問題研究所雑誌№764／2022.6、1-5 頁参照。
　https://oisr-org.ws.hosei.ac.jp/images/oz/contents/764_01.pdf　2023 年 11 月 8 日
　閲覧。

なかった」と考えられていた時代だった。

そうだとすると、大日本帝国による当時の韓国戦争（1904年2月から1945年8月）は、合法な軍事行動だったのであろうか？

この問いに答えるためには、もう少し国際法の検討をする必要がある。というのは、「現行国際秩序を変革するために戦争に訴えることを非合法として非難することはなかった」とは言っても、あらゆる軍事行動が合法とされていたわけではなかったのである。

安重根義軍参謀中将は、1910年の時点で行われた、被告人本人の最終弁論で、戦争なのだから、「国際公法、万国公法」で裁いてほしいと主張しているのである。当時であっても、戦争に際してあらゆる軍事行動が合法とされたわけではなかった。「万国公法」とされているのは、国際公法であって、平時国際法と戦時国際法とに分けて認識されていた。

戦時国際法に違反すれば、そのような戦争＝軍事行動は国際法違反で違法行為であるとされていた。だからこそ、安重根義軍参謀中将は、自らの行為が戦時国際法違反であれば、それを理由に処刑されても受け入れると主張していたのである。

戦時国際法を条約によって成文化したのは、二回のハーグ平和会議（1899年、1907年）だった[19]。この会議は主として慣習国際法であった戦時国際法を成文化したのであって、それ以前から戦時国際法は、欧米の国際法学者による研究が発展していた。日本の国際法学者は、欧米の学者による国際法研究の成果を翻訳し、詳細に戦時国際法を研究していた。

安重根義軍参謀中将裁判では、検察官も日本人の弁護人も裁判所も一切これに触れなかった。しかし、安重根義軍参謀中将は、戦時国際法をよく認識していて、義軍活動に際して実践もしていた。裁判でも前記の通り、これを主要な主張として援用していた。

そうであるとするなら、戦時国際法違反を問われるのは、安重根義軍参謀中将だけではない。大韓帝国に対して戦争を起こしていた当の大日本帝国に

---

[19] 立作太郎『戦時國際法』有斐閣書房、1913年。

よる戦争＝軍事行動が戦時国際法違反であったのかどうかが問題になり得る
のは当然のことである。

　第 2 章で検討した通り、大韓帝国は 1904 年 1 月 21 日局外中立を宣言し
ていた。大日本帝国軍の大軍が局外中立国となった大韓帝国の領土を侵した
ことは、重大な国際法違反の問題となり得るのである。

　大韓帝国の局外中立宣言については、なぜかこれまで十分な研究がされて
こなかった。それはなぜなのだろうか。日韓の間で旧条約の効力に集中した
論争が長く続いたため、その先の問題の存在が意識され難かったからではな
かったのだろうか。筆者の場合も、旧条約の効力に関する研究が完成したと
考えるようになってから、はじめて局外中立宣言に注目するようになったの
である。

第 8.　1904 年 1 月 21 日大韓帝国局外中立宣言と戦時国際法

　筆者は、第 2 章で、1904 年当時の戦時国際法と中立法について以下のよう
に書いた。

　　　「日露戦争に先立って、戦時中立を宣言した大韓帝国に対する大日本
　　　帝国による侵略である「朝鮮戦争」（筆者は「韓国戦争」と呼ぶ）が
　　　開始され、その後大日本帝国による韓国に対する国際法違反の軍事行
　　　動（韓国では、不法な「強制的占領」とされている）は、1945 年 8
　　　月 15 日まで継続したのである。」

　このような評価は、局外中立宣言（1904 年 1 月 21 日）をした大韓帝国に
対する大日本帝国による韓国戦争（1904 年 2 月 8 日の大軍による仁川上陸
を含む軍事侵攻とその後の大韓帝国全土の軍事占領）は、戦時国際法の中立
法違反の侵略だったという認識に基づいている。

1907年第二回ハーグ平和会議で調印された「陸戦の場合に於ける中立国及び中立人の権利義務に関するハーグ条約」第1条によれば、「中立国の領土は不可侵とす」とされている。立作太郎『戦時國際法』（有斐閣書房1913年、434頁）は、「中立国の領域は交戦区域以外に立ち交戦国は自衛のための緊急の必要あるに非ざれば中立国の領域を侵すことを得ざるを以て・・・」と述べている。このように中立についての多国間国際条約が締結されたのは、1907年第二回ハーグ平和会議であって、局外中立宣言がなされた1904年よりものちのことだった。しかし、これは、それまで実行されていた中立に関する慣習国際法の成文化と見ることができる。それ以前にもスイスの中立などの国際実行が存在していた。大韓帝国が1904年当時大日本帝国による不法な中立法違反に対して軍事的に阻止する実力を持たなかったことは、歴史的な事実ではあった。だが、そのことによって大日本帝国による中立法違反の違法な侵略が正当化されることはない。

そのように第2章で注記したが、1904年2月8日大日本帝国の大軍が仁川に上陸した時よりのちの条約や文献を用いた筆者の上記記述は、必ずしも十分なものとは言えない。1904年当時の文献によって、その当時の慣習法である戦時国際法と中立法（とりわけ中立国領土の不可侵性に関するもの）の存在を証明する必要がある。

（1904年当時の戦時国際法と中立法の存在を証明する文献）
　1904年以前の19世紀時代に慣習戦時国際法としての中立法が存在していたことを、以下で論証しようと思う。

　そのことを証明するためにもっとも簡単な方法は、以下にあげるアラバマ事件（1872年仲裁裁判判決）を引用することであろう。現在広く使われている国際法の文献『判例国際法（第2版）』[20]も、この米英間の仲裁裁判の先例に言及しているからである。

---

[20] 例えば、松井芳郎編集代表『判例国際法（第2版）』東信堂2006年、610-612頁（真山全著「146　アラバマ号事件」）。

　1904 年当時に出版された高橋作衛著『戦時國際法理先例論』は、ハーバード大学のケースシステム授業に倣って書かれたケースブックであるが、同書にもアラバマ号事件[21]が掲載されている。

●アラバマ号事件

　前掲『判例国際法』から引用してみよう。

　米国の南北戦争で、英国は、南軍に交戦団体承認を与え、中立の地位にあった。

　南軍支配地域は北軍により封鎖されており、南軍は物資や艦船の不足に悩まされていた。これを打開するため、南軍は英国民間造船所に軍艦を発注したが、この内の一隻が後にアラバマと呼ばれる軍艦（1862 年進水）だった。南軍の軍艦アラバマは、1864 年に北軍軍艦によって撃沈されるまで、70 隻近い商船を破壊して北軍の海上通商に重大な損害を与えた。

　南北戦争中から米国（北軍）は、中立国であった英国がアラバマの建造と出航を防止しなかったことに抗議するとともに損害賠償を請求していた。戦後、米国と英国の間で 1871 年ワシントン条約が締結され、アラバマ号事件その他の事案について仲裁裁判所（米国、英国、イタリア、スイス及びブラジルが各 1 名の裁判官を指名。ジュネーブに設置）に付託することが合意された。

　ワシントン条約は、仲裁裁判所が適用する以下のような規則（ワシントン三原則）を規定した（第 6 条）

　　①　中立国は、交戦国に対する巡邏または戦争行為を行うと信ずべき
　　　　相当の理由のある艦船が自国管轄内で艤装又は武装することを
　　　　防止するため相当の注意（due diligence）を払わなければならな
　　　　い。また中立国は、その管轄内で戦争の用に適合するようにされ

---

[21] 高橋作衛『戦時國際法理先例論』東京法学院大学　明治 37 年（1904 年）6 月、375-378 頁。国立国会図書館オンライン書誌　https://dl.ndl.go.jp/pid/798282/1/1　2023 年 10 月 8 日閲覧。

た艦船で、巡邏または戦争行為を行う意図を有するものの出航を防止するため同様の注意を払わなければならない。

② 中立国は、その領水の交戦国による作戦根拠地としての使用、軍需物資・武器の補充または徴募のための使用を許可または容認してはならない。

③ 中立国は、上記の義務の違反を防止するため相当の注意を払わなければならない。

仲裁裁判所判決（1872年9月14日）は、英国が上記の義務の履行を怠ったことを認め、英国は、アラバマ等によって生じた直接的な損害、1550万ドルを米国に支払うべきであるとした。

ワシントン三原則と本件判決は、中立法の発展に大きな影響を与えた。本件は、中立法上中立国に課せられる義務（中立義務）の内の避止義務(duty of abstention)と防止義務（duty of prevention）に関連するものとされている。また、ワシントン三原則は、1907年の海戦中立条約の基礎となったとされている。

この事例から、19世紀には慣習戦時国際法としての中立法が存在したこと、実際に中立法違反を侵した国は仲裁裁判によって巨額の賠償を支払う義務を履行するよう命じられて、実際に支払いも履行されていたことが分かるであろう。

19世紀に中立法が慣習戦時国際法として存在していたことはこの事例から明らかである。それでは、中立国領土の不可侵についての中立法は、1904年当時すでに存在していたのであろうか？

（中立国領土の不可侵原則）

前掲『戦時國際法理先例論』で、高橋作衛は、戦時国際法を以下のとおり整理している。その目次「戦時之部」を見ると、以下のとおり構成されている。

　「交戦例規」として交戦法規を説明し、交戦の際の禁止行為を挙げている。ところが、戦時国際法はこれにとどまらない。戦時国際法には、第三編が説明するように、「局外中立法」も含まれている。局外中立法は、戦時国際法の重要な一部を占めているのである。この部分では中立法規が説明されている。

　第三編「局外中立法規」の緒言[22]では、「中立法規を研究するには之を次の二大綱に分つを可とす」とされ、その二大綱とは、以下の二つである。

　　第一　交戦国と中立国との間の権利義務
　　第二　交戦国と中立国個人との関係

とされている。

　「第一　中立国の権利義務」の中では、「中立国の重要なる権利の中には（1）中立領土不可侵（2）交戦国をして中立維持のために中立国の制定せる国法を尊重せしむる権あり」とされている。

　それでは、ここで言う「中立国領土の不可侵」（Neutral Territory）[23]には、どのような法理があるのであろうか。前掲『戦時國際法理先例論』で、高橋作衛は、以下のようにその法理を記述している。同書は、1904 年 6 月に出版されている。

　　「法理　中立国の領土に於いて戦争を為すべからず、作戦の準備を為すべからず、又之を参戦の根拠地と為すべからず、是等は中立国領土

---

[22] 前掲『戦時國際法理先例論』、291 頁。
[23] 前掲『戦時國際法理先例論』、307-309 頁。

　　　　の権利とも見るべく又一面には之を中立国の義務とも云ふを得べし
　　　　即ち中立国は交戦国をして上記の行為を為さしめざる権利あると同
　　　　時に斯かる行為を為さしめざる義務あり」

とされている。
　1904年当時の中立国の領土の不可侵原則についての基本的な認識は、以上
の通りである。それでは、それ以前には戦時国際法と中立法（とりわけ中立
国領土の不可侵原則）の存在は認識されていたのであろうか。

（1904年以前に中立国領土の不可侵原則の存在を証明する文献）

　それを証明する1904年以前の日本語の文献はあったのだろうか。国立国
会図書館オンライン書誌を活用して、「戦時国際法」と「局外中立」をキーワ
ードにして検索し、そのうち1904年以前の主な日本語文献を探してみると、
相当数の学術書を見つけることができる。そのいくつかを以下に挙げてみた
い。

　　●ロウレンス著『国際公法大意』（1897年）[24]
　　「第一節　局外中立国に対する交戦国の義務・・・・・
　　一．局外中立国の領土内に於いて敵対行為を為すべからず。
　　二．敵に対する遠征軍を準備する為め局外国の領土を使用すべからず、
　　又局外国の陸地若くは領海を作戦の本拠と為すべからず、又局外国の
　　港湾及び領海に在て新兵を募集し武器を需め及び戦争用の食糧若く
　　は旅具を得ることを図るべからず。
　　三．・・・・・
　　四．局外国の中立権を侵犯したるときは之に対し賠償をなさざるべか
　　らず。」

---

[24] チー・ゼー・ロウレンス著　窪田熊蔵訳『国際公法大意』明治30年（1899年）、161-
　162頁。https://dl.ndl.go.jp/pid/798176/1/1　2023年10月8日閲覧。

●ホール著『ホール氏國際公法』（1899 年）[25]

　「【第二百十四節】　第十八世紀中交戦国及び局外中立國が其相互の関係に就き襲用したる錯雑せる慣例より自ら三大原則の発達して判明と為るに至れり。三大原則とは何ぞや。即ち【第一】局外中立国は両交戦国の戦争に影響すべき事項に就き其一方を利すべき行為を行はざるべきこと。【第二】交戦国は之に対し局外中立國の主権を尊重すべきこと。【第三】局外中立国は戦争のために外国政府及び私人が自己の領域又は資力を利用するを黙許すべからざること是なり。」

●中村進午著『國際公法論五版』（1899 年）[26]

　「局外中立国の権利（交戦国の中立国に対する義務）

　局外中立の義務を侵さざる限りは、中立国は戦争行為の為に自国の権利を害せられざるの権利を有す。局外中立国の領域は不可侵なり。故に交戦国は局外中立国内に於いては、戦争行為に直接の関係のある行為を行うべからず。」

●秋山雅之介『国際公法』（1904 年）[27]

　「中立国版図の不可侵」「戦争は交戦者間の関係に止まり交戦者は戦争行為の為め中立国の主権を侵害すること能わさるが故に其領土及び領海に於いて戦闘を為すべからざるの道理は第 17 世紀以来認められる所・・・」

　以上の検討から大韓帝国が局外中立を宣言した 1904 年 1 月 21 日以前か

25 ウィリアム・エドワード・ホール著立作太郎訳『ホール氏國際公法』東京法学院 明治 32 年（1899 年）、767-768 頁。https://dl.ndl.go.jp/pid/900575/1/1　2023 年 10 月 8 日閲覧。
26 中村進午著『國際公法論五版』東華堂出版 1899 年、1090-1098 頁。https://dl.ndl.go.jp/pid/2938150/1/1　2023 年 10 月 8 日閲覧。
27 秋山雅之介著『国際公法』和仏法律学校　明治 36 年（1904 年）、709 頁。https://dl.ndl.go.jp/pid/798142　2023 年 10 月 8 日閲覧。

ら、日本の国際法学者が戦時国際法のケース研究に基づき日本語によって詳細な解説書を出版していたこと、中立法規上の中立国の権利として中立国の主権尊重及び領土の不可侵性が明確に認識されていたこと、交戦国は中立国の領土を侵してはならないという慣習国際法の法理が日本でも十分に知られていたことが証明されたと言えるであろう。

第9. 朝鮮及び大韓帝国の局外中立は合理的な政策だった

ロシアに注目し、その南下政策に対応しようとすることが、19世紀末から20世紀初めころの大日本帝国の重大な関心事だった。しかし、東アジアの平和を確立するためには、朝鮮（のちには大韓帝国）を中立国にしようと努力することは、大局的に見てロシアを含めた地域のどの国にとっても極めて合理的な政策だったと思われる。

チャンスは少なくとも三度あった。ところが、大変残念なことに、このような努力は、実際の歴史上は実らなかった。そこに東アジアの悲劇の原点があったのである。

（1904年1月21日局外中立宣言のとき）

最も新しかった三度目のチャンスは、大韓帝国が1904年1月21日実際に局外中立を宣言したときだった。それにもかかわらず、第2章で述べた通り、大日本帝国はこれを無視して中立国領土の不可侵という中立法規に違反して、2月8日以降大韓帝国に大軍を送り全土の占領を目指す侵攻を始めた。

そして、大日本帝国は、日露戦争に突進してしまった。それは、大韓帝国の植民地支配につながり、最終的には、1941年12月8日の真珠湾奇襲攻撃と対米英宣戦布告、そして第二次世界大戦への歴史の連鎖の端緒になった。振り返って見ると、1904年1月21日の大韓帝国による局外中立宣言を大日本帝国が無視して、大韓帝国の領土の不可侵という中立法規を破り、韓半島の「不法強占」に踏み切ったことこそが大日本帝国の破滅につながったので

ある。

（1900 年大韓帝国による大日本帝国への中立国希望提案のとき）

　二度目のチャンスは、それよりも 4 年ほどさかのぼる。これについては、第 2 章で、日清戦争ののちである 20 世紀初頭の状況について、筆者は次のように書いた。

　「だから、大韓帝国皇帝となった高宗や韓国の人々が 20 世紀には国際法が世界平和を保障する時代になる可能性があることに期待をかけ、中立政策をとることで平和に生存しようと希望したとしても、決して無理はなかった。そのような新時代だったことを想起する必要がある。

　前掲和田論文によれば、「このとき韓国皇帝高宗は韓国は中立国たることをのぞむという路線を始めて正式に打ち出し、日本政府にその承認を求めた。千九百年八月趙秉式（チョビョンシック）が公使として日本に派遣された。これに対してロシアの駐日公使イズヴォリスキーは強く支持し、彼の説得でロシア外相ラムスドルフも皇帝もこの案を支持することになった。・・・千九百一年一月イズヴォリスキーが正式に日本政府に申し入れをおこなうと、加藤外相は小村駐清公使の意見も聞いて、断固この提案を拒絶した。・・・このときから日露対立が決定的になったとみることができる」。

　もし、大日本帝国が吉田松陰以来の朝鮮支配の野望を捨て、大韓帝国の中立を支持する政策に転換したなら、その後の世界はどうなったであろうか。日本とロシアとの間の緊張は劇的に緩和し、東アジア地域の平和と安定を実現することができた可能性があろう。」

　この歴史については、これまで日韓の歴史家も法律家もあまり注目してこなかったのではないだろうか。韓国では「高宗의對外政策研究」[28]という博士

---

[28] 詳しくは、韓国語の研究（英文サマリーあり）＝博士論文を参照（URL は、http://www.riss.kr/search/detail/DetailView.do?p_mat_type=be54d9b8bc7cdb09&control_no=05a19e321d27fd24　2023 年 10 月 11 日閲覧。
엄찬호「高宗의對外政策研究」（A Study on the Foreign Policy of King Kojong）
한글로보기 http://www.riss.kr/link?id=T8052535

論文（著者엄찬호・オムチャンホ）が高宗の中立化政策に関する歴史研究論文として発表されている。

　大日本帝国は、20世紀初頭に大韓帝国もロシアも真剣に実現しようとしていた大韓帝国のこの中立化政策をつぶしてしまった。

（1882年大日本帝国政府が朝鮮永世中立化構想を検討したとき）

　最初のチャンスが訪れたかもしれなかったのは、日清戦争以前のことだった。韓国の永世中立化政策が大日本帝国内で真剣に検討されていたことに注目すべきである。

　前述した趙秉式（チョビョンシック）が公使として日本に派遣された千九百年八月よりも8年さかのぼるが、大日本帝国自身が朝鮮の永世中立化を真剣に検討した歴史があったのである。

　大澤博明教授による研究論文「明治外交と朝鮮永世中立化構想の展開：一八八二〜八四年」[29]をインターネット上で見つけることができたことからその詳細を知ることができた。

　以下で、大澤教授の分析を紹介してみよう。

　1882年当時のことである。「いずれにせよ、第三国が朝鮮を対日攻撃の拠点とすることを阻止することが日本の死活的利益であると明治政府当局者は意識していた。朝鮮が独立国として存在することが日本の利益を保護する所以であった。」[30]という大沢教授による東アジアの状況、特に日本の利益の分析は正鵠を得ていた。

　朝鮮の独立は、朝鮮が近代国際法体系の下で独立国であることが認められることが日本の安全保障上の利益と認識されていたのである。しかし、朝鮮が清の朝貢国であったことから、その独立への支援は対清衝突を招く恐れがあり、慎重に実施される必要があった。このためより有効な政策枠組みの構

---

[29] 大澤博明「明治外交と朝鮮永世中立化構想の展開：一八八二〜八四年」『熊本法学』83巻 1995年、289-341頁。https://kumadai.repo.nii.ac.jp/records/26183　2023年10月9日閲覧。
[30] 前掲「明治外交と朝鮮永世中立化構想の展開」300頁。

想の案出が必然化してくるのである。「これを朝鮮永世中立化という形で構想し政府にその採用を働きかけていたのが参事院議官井上毅であった」[31]と大沢教授は、井上毅に注目している。

　9 月 17 日井上毅は、「朝鮮政略意見案」[32]を政府に提出した。井上は、国際保障のもとで、朝鮮をベルギーのような永世中立国とする政略を考案したのである。鍵になる国際情勢の理解は、朝鮮が永世中立国になることが日本、清、朝鮮の三国の利益になるという分析に基づいていた。

　今から思えば、きわめて合理的な構想だった。

　日本にとっては第三国が朝鮮を占領して日本攻撃の足掛かりとすることを妨ぐことができる。朝鮮にとっては清国からの支配を脱しつつ自国の存続可能性を大幅に高めることができる。清国にとっては、朝鮮独立保障に参加する共同保護国の一員として自らを位置づけることで自尊心を満足させることができる。

　井上は、国際法については、ボアソナードの意見を聴いていた。

　各国政府と協議して朝鮮の独立を認定するという政府方針をどのように具体化するかが課題だった。井上は、米国に呼びかけて、この構想を協議するための朝鮮永世中立化国際会議開催論を唱えた。

　実際に、駐清公使榎本武揚は、イギリス・ドイツ・ロシア・フランス・アメリカそして日本の各国政府代表が東京に会合し、朝鮮の独立と中立とをベルギーに倣って保障すべく国際会議を開催したいと、駐清ヤング米国公使に申し込んだことが、ヤング公使の 1882 年 12 月 21 日、28 日付合衆国国務長官宛て報告に記載されている[33]。

　米国がこの提案に消極的な対応しかしなかったのが残念である。もし、米国がこれに応じていれば、日清戦争も、日本による大韓帝国の占領も、日露戦争も防止できた可能性があった。そうすれば、満州事変も、日中戦争も防

---

[31] 前掲「明治外交と朝鮮永世中立化構想の展開」301-303 頁。
[32] 井上毅「朝鮮政略意見案」前掲「明治外交と朝鮮永世中立化構想の展開」、304-307 頁。
[33] 前掲「明治外交と朝鮮永世中立化構想の展開」、308-313 頁。

止できたし、大日本帝国による米英への宣戦布告も防げたであろう。朝鮮の永世中立化は、結局は米国の利益でもあったのである。米国は、井上毅の提案を受けて、朝鮮の永世中立化構想を検討する国際会議を主導することもできた。しかし、そうしなかった。

このときにはまだ、清の説得も、肝心の朝鮮の説得もできていなかった。

しかし、大日本帝国は、この構想をずっと持ち続けるべきだった。そうすれば、前記したように、20世紀になって新しい時代を迎え、清も妨害しないという国際情勢下で、大韓帝国とロシアまでもが大韓帝国の永世中立構想を積極的に推進するようになったとき、前記した第二のチャンスを生かすことができたはずだったのである。

第10. 大韓帝国の1904年1月21日局外中立宣言と「不法強占」

（これまでの検討から明らかになったこと）

以上の検討から、明らかになったことをまとめてみると以下のように要約できる。

① 慣習戦時国際法としての中立法を検討したところ、1904年以前から中立国領土不可侵の原則が確立していた。

② 独立主権国家としての大韓帝国は、1904年1月21日に局外中立を宣言し、中立国であった。

③ ところが、大日本帝国の大軍は、1904年2月8日仁川に上陸し、その後急速に局外中立国である大韓帝国の意に反してその全土を軍事占領下に置いた。

④ したがって、大日本帝国は、1904年2月8日以降1945年8月15日までの間、局外中立国であった大韓帝国領土の不可侵（慣習戦時国際法）の原則に違反し、同国の意に反して強制的に、その領土を不法に占領し続けたと判断される。これが国際法の視点から見た

「不法強占」の本態である。

（ロシアによる大韓帝国の局外中立違反に関する対日批判）

　筆者は、和田春樹名誉教授の研究に啓発されて、第 2 章で、ロシア政府が大日本帝国によるこの不法な軍事占領を非難したことについて、以下の通り書いた。

　和田名誉教授は、続けて次のようにロシア政府の見方について述べている。「ロシア政府はのち二月二二日に各国政府に通牒を送り、日本が韓国になした数々の「暴力行為 acts of violence」に注意を喚起した。韓国の独立は各国の承認してきたところであり、韓国皇帝は一月に中立宣言を発している。しかし、日本軍は「すべてを無視し、国際法のルールに反して」、ロシアとの敵対行為開始以前に、中立宣言を発している韓国に上陸し、ロシアとの宣戦布告以前に、仁川港でロシア軍艦を攻撃し、その他の港でロシア商船を拿捕した。日本公使は、韓国皇帝に対して、韓国はこののち日本の行政のもとに置かれると宣言した。」

　ロシア政府のこの見解は、筆者の法的評価と一致するものであり、国際法上の的確な判断だったと思われる。

（日本人学者による大韓帝国の局外中立認識）

　それでは、日本の国際法学者はどのような判断をしていたであろうか。遠藤源六著『日露戦役国際法論全』[34]（1908 年）を見てみよう。

　遠藤源六の同書は、「韓国領域における戦争行為」について記述する中で、「韓国ハ明治三十七年二月二十三日ニ至ルマテハ局外中立國タルコト前章既ニ詳論シタル所ナリ」と、日韓議定書締結日までについては、局外中立を認

---

[34] 遠藤源六『日露戦役国際法論全』明治大学出版部 1908 年 7 月、461-462 頁。https://dl.ndl.go.jp/pid/798318/1/1　2023 年 10 月 14 日閲覧。

めている。

　具体的には、同書の「第七編　局外中立」「第一章　各国の局外中立」の中の「第一節　韓国の局外中立」[35]の中でかなり詳しく説明している。

　韓国の局外中立の前提として、まず韓国が独立国か否かを検討している。日清戦争後の下関条約第１条が「清國ハ朝鮮國ノ完全無欠ナル獨立自主ノ國タルコトヲ確認ス・・・」と定めていること、日露交渉は韓国の独立自主を前提に進められたこと、1902 年日英同盟条約第１条が「両締約國ハ相互ニ清國及韓國ノ獨立ヲ承認シタルヲ以テ・・・」と定めていることから韓国が独立国であることには、「法律上之ヲ争フノ餘地ナキモノト謂ハサルヲ得ス」としている。

　そして、同書はさらに続けて「・・・韓国ハ法律上明ニ獨立國ナルノミナラス・・・明治三十七年一月中韓國ハ日露開戦トナル場合ニ嚴正中立ヲ維持スヘキ旨ヲ宣言セリ」との原則的な認識を述べている。

　このように、大韓帝国が 1904 年 1 月当時局外中立国であったことについては、日本人国際法学者も認めざるを得なかった。だから、局外中立国であった大韓帝国の領土の不可侵の原則を順守すべき義務が大日本帝国にあったことは明らかである。

（中立法違反に言及しない日本の国際法学者）

　ところが、慣習戦時国際法の中立法上の中立国の権利については、日本の国際法学者は一切触れていない。中立国領土の不可侵の原則があったことは、日本の国際法学者も一般論としては認めていたにもかかわらず、大韓帝国についてはその原則を適用していないのである。

　大日本帝国軍の行為が国際法違反であっても、日本の国際法学者は、国際法の知識を自国が有利になるように一方的な解釈をすることによって、それを違反ではないと主張する傾向があった[36]。それだけではなく、英国の学者

35　前掲遠藤源六『日露戦役国際法論全』、436-442 頁。
36　どこの国でも、外交官などは自国中心主義の姿勢を取るのが常だった。また、当時の国際法学者は、国策を擁護するのが常だった。これは、日本だけの現象ではなか

も大日本帝国が大韓帝国の局外中立宣言を無視したことを批判していない[37]。日本と英国は、日英同盟（1902 年）を締結してロシアに対抗する姿勢をあらわにしていたが、同盟関係は学説にも影響していたことがうかがえる。

　大日本帝国は、2 月 8 日には、大韓帝国の局外中立宣言にもかかわらず、それを破って大軍を仁川に上陸させている。

　これが局外中立国の領土の不可侵の原則に違反することは明らかであるのに、遠藤は、いとも簡単に大韓帝国が同意したと主張している[38]。国家にとって領土主権は最も重大な権利であるのだから、大韓帝国の主権の担い手であった高宗皇帝の同意なく、どのような処分もできない。このとき、高宗皇帝が大日本帝国軍に仁川上陸の許可を与えたという証拠は明示されていない。韓国の歴史学者もそのような歴史的な事実があったとは考えていない。

　さらに、大韓帝国が局外中立を保つために十分な武力がなかったとも、遠藤は指摘している[39]。仁川に上陸した大日本帝国の大軍を撃退して、局外中立を守ろうとしても、大韓帝国にはその武力がなかったことは歴史的事実であろう。だから、上陸を阻止するために大韓帝国が武力行使しなかったことは想像できる。しかし、その不作為が局外中立国であることを法的に無効にすることはないし、そのことをもって高宗皇帝が大日本帝国軍の上陸に同意を与えたと推定することもできない。

った。たとえば、前掲カー『危機の二十年』（152 頁）には以下のような記述がある。「敵国に道義的不信を投げつけるための理論を宣伝することとちょうど逆の関係にあるのが、自国および自国の政策に道義的名誉をもたらす理論の宣伝である。ビスマルクは、一八五七年フランス外相ヴァレフスキーが彼に述べた言葉、すなわち外交官の仕事とは自国の利益を普遍的な正義の言葉で覆い隠すことである、という寸言を記録している。」

[37] Oppenheim, L. (Lassa), *International law: a treatise Vol. II War and neutrality,* Longmans, Green, 1906, pp. 387-389.；　T.J. Lawrence, / *War and neutrality in the Far East,* London: Macmillan , 1904, pp. 269-279.

[38] 前掲遠藤源六『日露戦役国際法論全』、438 頁は、「・・・又二月九日我陸軍ヲ仁川ニ上陸セシメルコトニ同意ヲ与ヘタルコトハ局外中立國ノ態度トシテ非難ヲ免レサル所ナリ」　としている。

[39] 前掲遠藤源六『日露戦役国際法論全』、438 頁は、「然レトモ是レ局外中立ヲ維持スル實力ナキカ故ニ両國ノ為スカ儘ニ放任シタルニ止マリ韓国ノ意思態度ハ依然トシテ全ク不偏不黨ニ在リシコト疑ヲ容レス・・・」としている。

（1904年2月23日議定書の効力と局外中立の関係）

遠藤が指摘する最も重要な歴史的な事実としては、1904年2月23日の議定書がある。遠藤は、この議定書によって、大日本帝国と大韓帝国は、同盟国になったと主張している[40]。もし、そうであるなら、局外中立国であることは終わったことになる。しかし、遠藤は、大韓帝国がこの日までは局外中立国だったことを認めているのである。

同議定書は、韓国条約彙纂（総督府が1908年に出版）に掲載されている「日韓議定書（明治三十七年二月二十三日調印）」[41]によれば、以下の通り定めていることにされていた。

> 第一條　日韓両帝國間ニ恒久不易ノ親交ヲ保持シ東洋平和ヲ確立スル為大韓帝国政府ハ大日本帝国政府ヲ確信シ施政ノ改善ニ關シ其忠告ヲ容ルル事
>
> ・・・・・
>
> 第四條　第三國ノ侵害ニ依リ若ハ内亂ノ為大韓帝國ノ皇室ノ安寧或ハ領土ノ保全ニ危險アル場合ハ大日本帝国ハ速ニ臨機必要ノ措置ヲ取ルヘシ而シテ大韓帝国政府ハ右大日本帝国政府ノ行動ヲ容易ナラシムル為十分便宜ヲ與フル事
>
> 大日本帝国政府ハ前項ノ目的ヲ達スル為軍略上必要ノ地點ヲ臨機収用スルコトヲ得ル事
>
> ・・・・・・

---

[40] 前掲遠藤源六『日露戦役国際法論全』、438頁は、「然ルニ二月二十三日ニ至リ日韓議定書成立シ韓國皇室ノ安寧又ハ領土ノ保全ニ危險アルトキハ我國カ臨機必要ナル措置ヲ取ルヘク韓國ハ我國ノ行動ヲ容易ナラシムル為メ十分便宜ヲ與フルコト並此ノ目的ヲ達スル為メ軍略上必要ナル地點ヲ臨機収用スルノ權ヲ我國ニ與フルコトヲ約シタリ故ニ韓國ノ地位ハ該議定書ニ因リテ一變シ我攻守同盟國トナレリ・・・」としている。

[41] 総督府編纂『韓国条約彙纂』（明治四十一年十月、1908年）「日韓議定書（明治三十七年二月二十三日調印）」
https://lab.ndl.go.jp/dl/book/798123?page=10　2023年10月14日閲覧。

　もし、高宗皇帝が、大日本帝国に対して、韓国全土を軍事的に「臨機収容スルコトヲ得ル」と認めたのであれば、領土主権を一部放棄したことになる。大韓帝国にとってはその独立をも放棄するに等しい決定的な政策転換であって、中立国であることとは両立しえない。だから、同盟国になったと評価されてもやむを得ないだろう。

　留意すべきは、この議定書調印の日が 2 月 23 日だったことである。前記したロシア政府が各国政府に通牒を送り、日本が韓国になした数々の「暴力行為 acts of violence」に注意を喚起した 2 月 22 日の翌日だったことを想起すべきだろう。大日本帝国政府としては、中立法違反の非難を受けないようにどのような手段をとっても、一日も早く議定書調印の形を創る必要に迫られていたのである。

　そこで、問題になるのがこの議定書の条約としての効力の有無である。

　もし、当時は有効だったとする日本政府の主張が正しいなら、遠藤の主張が正当だったことになる。その場合には、大日本帝国軍が局外中立国であった大韓帝国の領土の不可侵性を破ったのは、2 月 8 日から 2 月 23 日までの間のごく短期間に限定されるだろう。それ以後は、議定書に基づいて合法的に大韓帝国を占領したことになる。

　しかし、もし、現在でも韓国政府が主張しているように、議定書が原初的に無効だったのであれば、議定書によって大韓帝国が同盟国になったと主張することはできない。そうなると、2 月 23 日以後も、局外中立国である大韓帝国の領土の不可侵の原則の侵害は継続したことになる。

　そうすると、議定書の法的効力の有無の問題が、同日以後も長期の「不法強占」が存在したのか否かを決めるための判断を左右するかなめの問題であることが判るだろう。

（議定書は正式条約として成立していたのだろうか？）

　高宗皇帝は、この議定書に同意していない。議定書に署名したとされている外部大臣には、高宗皇帝からの全権委任状は出されていない。同議定書には、高宗皇帝の批准もない。

李泰鎮名誉教授は、日韓旧条約の締結手続きの重大な瑕疵について、以下の通り述べている[42]。

「日露戦争開戦以後、日本が大韓帝国の国権奪取を目的に強要した五つの条約は、最後の「併合条約」を除いてすべて略式条約の形式を取った。併合条約の他に、異なる四つの条約も合意事項がすべて国権に直接関連するものであるから、正式条約の形式をとらなければならなかった。一八八〇年代までの日本側の形式遵守の姿勢、すなわち、規範主義に照らしてみても、当然、そうしなければならなかった。

表四を見てわかるように①の議定書が最も軽い内容のようであるが、これも主権に直接関係するものであることから、国際慣例上、全権委員委任状と批准書が発給される正式条約の形式をとらなければならない対象である。残りの②から④までの場合も言うまでもない。しかしながら、日本政府は韓国政府がこれらを受諾しないであろうし、そのような手続きを踏んだ場合に事をなし遂げることができないであろうことを憂慮し、形式が簡略な方式を採り武力を背景にこれを強制的に推進したのである。」

李泰鎮名誉教授によれば、この議定書の強要の状況は以下の通りである[43]。

「強力な軍事力による圧力の下で「議定書」が強要されたが、次のような韓国側代表の身体に加えられた問題点も明らかになった。これに署名した韓国側代表外部大臣李址鎔は、密約推進の際に、林公使から賄賂を受け取った人物であった。そして、秘密協約に反対した李容翊、李学均などは、日本軍に捕えられて強制的に軍艦に乗せられ、日本に

---

[42] 李泰鎮「一九〇四〜一九一〇年、韓国国権侵奪条約の手続き上の不法性」笹川紀勝＝李泰鎮（共編著）『国際共同研究・韓国併合と現代 ── 歴史と国際法からの再検討 』明石書店、2008年、113-114頁。
[43] 前掲李泰鎮「手続き上の不法性」、123-124頁。

「漫遊」させられるという状態であった吉永洙、玄尚健も押送の対象であったが芝呑（煙台）で逃走した。秘密協約推進の際に、日本の意図を見抜き日本との提携を反対する勢力の中心を除去した状態で、「議定書」が強要されたのである。」

このように韓国政府側は正式条約手続きを遵守する立場であったのに対し、日本政府側は、大韓帝国皇帝の同意に基づく批准なしに略式手続きによって国家が外交権を委譲し、独立を失う条約を締結することが国際法上あり得るとして、「批准不要説」を唱えてきた。

結論だけを述べると、'Inter-temporal Law'（時際法）の視点に着目することによって解決した。

この論理は、1905 年 11 月 17 日付日韓協約に関するものであるが、そのまま 1904 年 2 月 23 日議定書に応用することができる。

したがって、現在でも韓国政府が主張しているように、議定書は正式条約として不成立だったと言うべきであるから、この議定書は、原初的に無効だったことになる。したがって、日本政府は、議定書によって大韓帝国が同盟国になり、局外中立が終わったと主張することはできない。そうなると、1904 年 2 月 23 日以後も、局外中立国である大韓帝国の領土の不可侵の原則の侵害は継続したことになる。結局、議定書の法的効力が原初的に無かったという法的判断は、同日以後も長期の大日本帝国による韓半島の「不法強占」が存在したという結論を導くことになる。

この戦時国際法の検討による結論は、2012 年及び 2018 年の大法院判決の憲法判断（「不法強占」[44]により植民支配は不法だった）を支持するのである。

---

[44] 金昌禄『韓国大法院強制動員判決、核心は「不法強占」である』参照。著者が2022 年 8 月に韓国の知識産業社を通じて出版した『大法院の強制動員判決、核心は『不法強占』である』を日本語に翻訳し、「法律事務所の資料棚アーカイブ」に掲載したものである。

http://justice.skr.jp/documents/nocciolo.pdf 2023 年 5 月 14 日閲覧。

（まとめ）

　韓国政府が一貫して主張し、李泰鎮名誉教授および故白忠鉉教授が論証してきたように、1910 年 8 月 22 日付韓国併合条約にいたる五つの日韓旧条約は原初的に無効であって[45]、これらの無効な条約によって、大日本帝国による 1904 年 1 月 21 日大韓帝国の局外中立宣言を無視しておかされた重大な戦時国際法（中立国領土の不可侵原則）の違反を合法化することはできない。

　そうすると、1904 年 2 月 8 日から 1945 年 8 月 15 日までの大日本帝国による韓半島の武力侵略及び占領は、国際法上も「不法強占」だったということになる。したがって、大法院判決（2012 年、2018 年）の憲法上の法的評価（「不法強占」）を国際法上も承認せざるを得ないことになる。結局、大日本帝国による韓半島（大韓帝国の領土）の植民地支配は不法と言わざるを得ない。

　現在の日本の平和運動はここまでさかのぼって研究する必要があるのではないか。

　ロシアのウクライナ侵略戦争のさなか、イスラエルとパレスチナの間で中東周辺地域に拡大しかねない軍事衝突が勃発した状況の中で本論文を脱稿しようとしている。

　その現状を踏まえると、「第 3 次世界大戦防ぐには」というインタビュー記事（朝日新聞 2023 年 10 月 19 日付朝刊）で、小原淳教授（早稲田大学、歴史学）が述べている助言は傾聴に値する。小原教授は、①第 1 次大戦での経験について欧州では現実問題を忘れずに対話を継続していることと対比して、②日本は、「戦争の 80 年」から教訓を学び、隣国と手をつなぐ必要があると述べている。そのうえで、「第 3 次大戦を招かないため、歴史学に何ができますか」という問いに対して、小原教授が以下のように答えていることに注目すべきではないだろうか。

---

[45] 詳細は、第 3 章及び前掲『歴史認識』を参照。

　「まず過去を過去として論じるのではなく、現代を映す鏡として見つ
め直すことです。かつての人々が危機に際してどのように反応し、何
を考え、いかに対処したのか。とりわけ『失敗の歴史』を学ぶことや、
他にどのような『歴史の選択肢』があったかを問うことが有効でしょ
う。」

　このような視点から、大韓帝国の 1904 年 1 月 21 日局外中立宣言に直面し
た大日本帝国がどのような「歴史の選択肢」を持っていたかを問い直す必要
がないだろうか。

資　料

【資料１】

強制動員問題の真の解決に向けた協議を呼びかけます。

1　現在、強制動員問題に関して、韓国国会議長が提案した法案などさまざまな解決構想が報じられています。日韓請求権協定によっても個人賠償請求権は消滅しておらず、未解決とされている強制動員問題の解決構想が検討されることは望ましいことです。しかし、報じられている解決構想の多くが真の解決になり得るのか疑問です。

2　まず確認しておきたいことは、強制動員問題には、労務強制動員問題（いわゆる徴用工問題）の他に、軍人・軍属として強制動員された被害者の権利救済の問題（軍人・軍属問題）も含まれるということです。

　強制動員問題全体を最終的に解決するためには、軍人・軍属問題も含めて解決構想が検討されなければなりません。したがって、総合的な問題解決案とともに現実的な条件を考慮した段階的解決策を検討すべきです。

3　労務強制動員問題の解決についてですが、労務強制動員問題の本質は、被害者個人の人権問題です。したがって、いかなる国家間合意も、被害者が受け入れられるものでなければなりません。また、国際社会の人権保障水準に即したものでなければ真の解決とはいえません（被害者中心アプローチ）。

　被害者が受け入れられるようにするためには、労務強制動員問題の解決構想の検討過程に被害者の代理人などが主体のひとつとして参加するなど、被害者の意向が反映できる機会が保障されなければなりません。

　また、強制連行・強制労働は重大な人権侵害として違法であり、その被害者に対しては、原状回復や賠償など効果的な救済がなされなければならないと国際社会は求めています。

4　それでは何をもって労務強制動員問題の真の解決といえるのでしょうか。

（1）　真の解決といえるためには、①加害者が事実を認めて謝罪すること、②謝罪の証として賠償すること、③事実と教訓が次の世代に継承されるということが充たされなければなりません。

（2）　このような事項は、日本と韓国における長年にわたる訴訟活動などを通じて被害者及び支援者らが求めてきたものです。ドイツにおける強制連行・強制労働問題を解決した「記憶・責任・未来」基金や、中国人強制連行・強制労働問題の解決例である花岡基金、西松基金及び三菱マテリアル基金においても、基本的に踏まえられているものです。

　特に、労務強制動員問題の本質が人権問題である以上、問題解決の出発点に置かれるべきは、人権侵害事実の認定です。人権侵害の事実が認められることで、初めて被害者の救済の必要性が導かれるからです。

（3）　この点、注目すべきは、韓国大法院判決の原告らが韓国での裁判の前に日本で提訴した裁判における日本の裁判所の判断とそれに対する評価です。日本の裁判所は結論としては原告を敗訴させましたが、原告らの被害が強制連行や強制労働に該当し違法であると認めています。

　この日韓両国の裁判所がともに認定した人権侵害の事実を、日本政府や日本企業が認めて謝罪をすることが、この問題解決の出発点に位置づけられなければなりません。

5　真の解決を実現するために、誰が、何をすべきなのでしょうか。

（1）　労務強制動員被害者らは、国家総動員体制の下、日本政府が政策として企画した労務動員計画（1939 年〜1945 年）に基づき動員され、日本の加害企業が連行に関与し、炭鉱や工場などで働かされました。したがって、労務強制動員問題に対して第一次的法的責任を負うのは日本国及び日本の加害企業であるといえます。

　労務強制動員問題の解決の出発点は、人権侵害の事実を認めることですが、それは日本政府及び日本企業しかできないことであり、そのことが日本国及び日本の加害企業の果たすべき重要な役割といえます。

　さらに、今日、国際連合は、「ビジネスと人権に関する国連指導原則」や「グローバル・コンパクト」という取り組みを通じて、人権分野においても企業が責任あるリーダーシップを発揮することを期待しています。韓国大法院確定判決の被告企業である日本製鉄や三菱重工にもその役割を果たす責任があ

るといえます。これらの加害企業が現在及び将来において人権分野で責任あるリーダーシップを発揮するためには、過去自ら行った人権侵害の事実に誠実に向き合い、その問題を解決することは不可欠であるといえます。

（2）　韓国政府は、日韓請求権協定において強制動員問題をまともに解決できず、その後も被害者の権利救済をなおざりにしてきた道義的責任があります。強制動員被害者問題を全体的に解決するためには、韓国政府も自らの責任と役割を果たすべきです。

（3）　韓国の企業の中には、日韓請求権協定第1条に基づく「経済協力」により企業の基盤が形成されその後発展してきた企業（受恵企業）があります。受恵企業が過去の歴史に誠実に向き合い、歴史的責任を自覚し、自発的にこの問題の解決に関与することは解決のための正しい態度であるといえます。

（4）　以上のとおり、労務強制動員問題を始めとする強制動員問題について日韓両国政府、日本の加害企業及び韓国の受恵企業は、この問題解決のために果すべき責任と役割があります。

6　真の解決を実現することは可能でしょうか。

　解決の可能性を検討するにあたり参考になるのは、中国人強制連行・強制労働問題の解決例である花岡基金、西松基金及び三菱マテリアル基金による解決についてです。

　ここでは、被害者と加害企業との「和解」により、加害企業が自らの加害と被害の事実と責任を認め、その証として資金を拠出して基金を創設しました。そして、その基金事業として、被害者への補償と慰霊碑の建立、慰霊行事通じて記憶・追悼事業を行い、また行おうとしています。

　この事業に日本政府や中国政府は直接には関与していません。加害事実を認めたのも，残念ながら日本の加害企業のみであり、日本政府は認めてはいません。それは今後の課題として残されています。しかし、このような「和解」を通じて日中両国の被害者、支援者、日本企業などの間で相互理解と信頼が育まれてきています。

　日本の最高裁判所は、中国人強制連行・強制労働事件に関する判決の付言

の中で被害者を救済すべき必要性を指摘しました。また，日中共同声明により裁判上訴求する権能は失われたが、個人賠償請求権は消滅していないとの解釈を示すことで、加害企業が被害者に任意かつ自発的に補償金を支払うことが法的に許されることを示しました。

　韓国人労務強制動員問題についても、日本の裁判所も人権侵害の事実を認めており、救済の必要性が認められるといえます。そして、日韓請求権協定第2条において「請求権の問題」が「完全かつ最終的に解決した」ということの意味については、国家の外交的保護権を解決したのであり、個人賠償請求権は消滅していないというのが日本政府や日本の最高裁判所の判断です。加害企業は任意かつ自発的に補償金を支払うなどの責任ある行動をすべきですし、日本の政府や裁判所の見解に照らしても、日韓請求権協定は、労務強制動員問題を解決するにあたり法的障害にはならないといえます。

　したがって、少なくとも日本政府が事実に真摯に向き合い、日本の司法府の判断を尊重して問題解決に努力する姿勢を示し、日本の加害企業が解決しようとすることを日本政府が妨害しなければ、解決することは十分に可能といえます。

7　私たちは，労務強制動員問題の真の解決のためには，これまで述べてきたことを踏まえて、関係者間での協議が行われることが望ましいと考えています。

　そのために、日韓両国間で、強制動員問題全体の解決構想を検討するための共同の協議体を創設することを提案します。

　この協議体は，強制動員被害者の代理人弁護士や支援者，日韓両国の弁護士・学者・経済界関係者・政界関係者などから構成され、強制動員問題全体の解決構想を一定の期間内に提案することを目的とします。日韓両国政府は，この協議体の活動を支援し協議案を尊重しなければなりません。

　私たちは，このような努力が日韓間の厳しい対立を解消するためのひとつの方法であり強制動員問題の解決に向けた途であると考え、日韓共同の協議体の創設を強く強く呼びかけます。

2020 年 1 月 6 日

強制動員問題の正しい解決を望む韓日関係者一同

http://justice.skr.jp/appeal.pdf

【資料２】

NHK HP

「韓国政府「徴用」問題の解決策を発表 韓国の財団が支払いへ」

https://www3.nhk.or.jp/news/html/20230306/k10013999491000.html

2023 年 3 月 6 日 18 時 47 分

　太平洋戦争中の「徴用」をめぐる問題で、韓国政府は、裁判で賠償を命じられた日本企業に代わって、韓国政府の傘下にある財団が原告への支払いを行うとする解決策を発表しました。

　ユン・ソンニョル（尹錫悦）大統領は「未来志向的な韓日関係に進むための決断だ」と意義を強調しましたが、原告側の一部から反発の声も上がっています。

「韓国のパク・チン外相が記者会見で発表」

　韓国のパク・チン（朴振）外相が 6 日午前発表した、「徴用」をめぐる問題の解決策では、2018 年の韓国最高裁判所の判決で賠償を命じられた日本企業に代わって、韓国政府の傘下にある既存の財団が原告への支払いを行うとしていて、財源は韓国企業などの寄付で賄う見通しです。

　パク外相は「冷え込んだ韓日関係は事実上放置されてきた。今後は、韓日関係を未来志向的により高いレベルに発展させていきたい」と強調しました。

　また、韓国外務省の高官は、財団が原告に支払った相当額の返還を日本企

業に求める「求償権」について「いまのところ求償権の行使は想定していない」としています。

「ユン・ソンニョル大統領「未来志向的な関係に進むための決断」

　ユン・ソンニョル大統領は、午後の会議で「さまざまな困難の中でも解決策を発表したのは、未来志向的な韓日関係に進むための決断だ」と述べ、意義を強調しました。

　さらに、ユン政権を支える与党「国民の力」も「解決に向けた勇気ある第一歩だ。この問題が新たな政争の具になってはならない」とする論評を出しました。

　一方、原告側の一部の支援団体は、記者会見を開き「判決を事実上無力化し、日本企業の責任を問わずに原告の人権と尊厳を踏みにじるものだ」と主張するなど、反発の声も上がっています。

【資料３】
外務省 HP　大韓民国
旧朝鮮半島出身労働者問題に関する韓国政府の発表を受けた林外務大臣によるコメント
https://www.mofa.go.jp/mofaj/a_o/na/kr/page1_001524.html
令和５年３月６日

　本日、韓国政府は旧朝鮮半島出身労働者問題に関する政府の立場を発表した。

　日本政府は、1965 年の国交正常化以来築いてきた日韓の友好協力関係の基盤に基づき日韓関係を発展させていく必要があり、そのためにも旧朝鮮半島

出身労働者問題の解決が必要であるとの考えの下、尹錫悦（ユン・ソンニョル）政権の発足以降、韓国政府と緊密に協議してきた。日本政府としては、本日韓国政府により発表された措置を、2018年の大法院判決により非常に厳しい状態にあった日韓関係を健全な関係に戻すためのものとして評価する。

　日韓は、国際社会における様々な課題への対応に協力していくべき重要な隣国同士であり、尹政権の発足以降、日韓間では、首脳間を含め、緊密な意思疎通が行われてきている。日本政府として、現下の戦略環境に鑑み、安全保障面を含め、日韓・日韓米の戦略的連携を強化していく。また、自由で開かれたインド太平洋の実現に向け、韓国と連携して取り組む。

　この機会に、日本政府は、1998年10月に発表された「日韓共同宣言」を含め、歴史認識に関する歴代内閣の立場を全体として引き継いでいることを確認する。日本政府として、1965年の国交正常化以来築いてきた友好協力関係の基盤に基づき、日韓関係を健全な形で更に発展させていくために韓国側と引き続き緊密に協力していく。

　今回の発表を契機とし、措置の実施と共に、日韓の政治・経済・文化等の分野における交流が力強く拡大していくことを期待する。

【資料4】
外務省HP　日韓首脳会談
https://www.mofa.go.jp/mofaj/a_o/na/kr/page1_001529.html
令和5年3月16日

　3月16日午後4時50分から計約1時間25分間、岸田文雄内閣総理大臣

は、訪日中の尹錫悦（ユン・ソンニョル）韓国大統領と日韓首脳会談を行ったところ、概要は以下のとおりです（少人数会合：午後4時50分から約25分間、全体会合：午後5時15分から約60分間）。

1. 冒頭、岸田総理大臣から、今般の尹大統領の訪日を心から歓迎する、本日、将来に向けて日韓関係の新たな章を共に開く機会が訪れたことを嬉しく思うと述べました。両首脳は、現下の戦略環境の中で日韓関係の強化は急務であり、国交正常化以来の友好協力関係の基盤に基づき、関係を更に発展させていくことで一致しました。

2. 両首脳は、両国の首脳が形式にとらわれず頻繁に訪問する「シャトル外交」の再開で一致しました。

3. 旧朝鮮半島出身労働者問題に関し、率直な意見交換を行い、岸田総理大臣から、6日に日本政府が発表した立場に沿って発言しました。

4. 両首脳は、日韓両国が共に裨益するような協力を進めるべく、政治・経済・文化など多岐にわたる分野で政府間の意思疎通を活性化していくこととし、具体的には、まずは日韓安全保障対話及び日韓次官戦略対話を早期に再開すること、またハイレベルの日韓中プロセスを早期に再起動する重要性について一致しました。また、両首脳は、サプライチェーンの強靱化や機微技術流出対策など、日韓両国が共に直面する課題を解決するため、日韓間で経済安全保障に関する協議を立ち上げることで一致しました。さらに、輸出管理分野においても進展があったことを歓迎しました。

5. 岸田総理大臣から、両国間の人的交流がより一層活発化することで関係改善の好循環が更に加速することを期待する、政府としても対日理解促進交流プログラム（JENESYS）等により未来を担う若者の交流を支援していく旨述べました。また、両首脳は、今般の尹大統領の訪日を契機として、両国の経済団体が未来志向の日韓協力・交流のための「日韓・韓日未来パートナーシップ基金」を創立すると表明したことを歓迎しました。

6. 現下の地域における厳しい安全保障環境の下で戦略的連携を進めていく必要性についても意見を交わしました。北朝鮮への対応に関し、両首脳は、

今朝の北朝鮮による ICBM 級弾道ミサイル発射を強く非難した上で、こうした北朝鮮による最近の核・ミサイル活動の活発化を踏まえ、日米同盟及び韓米同盟の抑止力及び対処力を一層強化するとともに、日韓、そして日韓米の安保協力を推進していくことの重要性で一致しました。　また、拉致問題については、尹大統領から改めて支持を得ました。

7.　また、両首脳は、この歴史の転換期において自由で開かれたインド太平洋を実現する重要性について確認し、法の支配に基づく自由で開かれた国際秩序を守り抜くため同志国が力を合わせていく必要性について認識を共有しました。

8.　ウクライナ情勢についても意見交換を行い、ロシアによるウクライナ侵略は、力による一方的な現状変更の試みであり、こうした暴挙は東アジアを含む世界のどこであっても許してはならないとの点で一致しました。

9.　両首脳は、今後も首脳間での意思疎通を継続していくこととしました。

【資料５】
日本による強制動員被害者への賠償に関する政府発表に対する 国家ヒューマンライツ委員会委員長の声明
―ヒューマンライツ侵害行為に対する認定と謝罪を含む賠償責任を果たすべき―

□　国家ヒューマンライツ委員会（委員長宋斗煥）は、日帝強占期の日本企業の強制動員による被害を賠償する問題に関する政府の発表に深い憂慮を表します。また、韓日両政府及び責任のある日本企業に対し、必要な措置をとるよう要請し、以下のように声明を発表します。

□　外交部は 2023 年 3 月 6 日、強制動員被害者たちに対する日本企業の賠償責任について、日帝強制動員被害者支援財団が、国内企業 16 社の出捐資金を活用して被害者たちに賠償する（「第三者弁済」）を行う計画を発表しまし

た。政府の発表後、強制動員被害者と遺族の中には、加害者の謝罪や賠償への参加なしに第三者による弁済は屈辱的であるとして抗議しています。

☐ 大法院は2018年、強制動員被害者たちの慰謝料請求権が1965年の韓日請求権協定の対象外であり、責任ある日本企業は慰謝料を賠償すべきとの判決を下しました。しかし、日本政府は、強制動員被害者への賠償問題が韓日請求権協定によって解決されたと繰り返し主張しており、当該の日本企業も賠償金支払いを拒否しています。

☐ 強制動員被害の賠償問題は、単に金銭的な債権・債務の問題ではありません。それは、ヒューマンライツ侵害事実の認定と謝罪を通じて、被害者の尊厳を回復することに関する問題です。日本企業と日本政府が、日帝強占期の強制動員などの違法行為を認め、被害者とその家族に謝罪することは、被害回復と和解、韓日両国の未来志向的協力関係の確立のために不可欠です。

☐ しかし、残念ながらここ数年間、日本政府と企業のこの問題に関する発言や行動は、ヒューマンライツ侵害行為の深刻さを認識して責任を取る態度としてふさわしくありませんでした。韓日両国間の財政的債権及び債務関係を政治的合意により解決するために締結された日韓請求権協定によって、被害者個人に対する賠償問題が解決されたと主張することは極めて不適切です。

☐ 国連総会が2005年に採択した「国際ヒューマンライツ法の重大な違反行為と国際人道法の重大な違反行為の被害者救済に対する権利に関する基本原則と指針」によれば、賠償には"事実の認定と責任の承認を含む正式な謝罪"、"被害者の記念及び追悼"、"あらゆるレベルの教育で違反行為に対する正確な説明"が含まれなければなりません。国連拷問等禁止委員会も2012年の上記ガイドラインに基づき、一般意見第3号で被害者が救済過程に参加することが、被害者の尊厳を回復するために重要であるとし、"被害者中心のアプロー

チ"を強調しました。

□ 我が国政府がこの問題の解決のために関心を持って努力することは望ましいが、ヒューマンライツ侵害行為に対する加害者からの承認と謝罪なしに、さらには第三者への弁済を通じて、賠償問題が解決されたと評価することは非常に憂慮されることです。強制動員の被害者が同意しない方法での賠償は、国際ヒューマンライツ基準が強調する被害者中心のアプローチに反することでもあります。

□ 強制動員の被害者に対する賠償問題は、人間の尊厳を回復するための重要な問題であり、すべての対策は、被害者が被った情緒的・心理的被害を考慮しなければなりません。韓日両国政府及び責任ある日本企業が、被害者中心に賠償問題を解決するよう要請し、韓国政府は強制動員の被害者が責任ある日本企業及び日本政府から当然のこととして受けるべき認定と謝罪を受けられるよう引き続き努力することを要請します。

2023 年 3 月 7 日

国家ヒューマンライツ委員会委員長 宋斗煥

일본 강제동원 피해자 배상 관련 정부 발표에 대한 국가인권위원회 위원장 성명

담당부서 : 홍보협력과 등록일 : 2023-03-07

https://www.humanrights.go.kr/base/board/read?boardManagementNo=24&boardNo=7608888&menuLevel=3&menuNo=91　visited on 6/5/2023

【資料６】
韓国政府『解決策』と日韓首脳会談に関する声明

　３月 16 日、韓国の尹錫悦大統領が来日し、12 年ぶりに岸田文雄首相と日韓首脳会談を開催しました。この会談で、韓国側が強制動員問題で「第三者弁済」による「解決策」を提示し、日本政府はこれを「日韓関係を健全な関係に戻すものとして評価」し、受け入れました。「解決策」の内容は、①「日帝強制動員被害者支援財団」が判決の確定した被害者に賠償金相当額を「肩代わり」して支払う（第三者弁済）、②被害者の苦痛を記憶し、継承していくための事業を推進する、③支払いの財源は「民間の自発的寄与」等で用意する―というものです。

　しかし、これでは加害企業に賠償を命じた韓国大法院判決は実質的に否定されてしまいます。被害者が求めているのは加害企業の謝罪と賠償です。それがないままに「第三者弁済」で判決と同額の金額を受領させようとするのは、被害者の尊厳を損なうものです。

　存命の被害者原告（３名）は全員、今回の「第三者弁済」を拒んでおられます。韓国の民法も日本の民法と同様に、「第三者弁済」による支払いを受領することを望まない者に対しては、受領を強制することはできないと規定しています。今回の韓国政府の「解決策」を認めるとしても、問題の解決につなげるためには、日本の被告企業の謝罪と「財団」への資金拠出が最低限必要です。

　そもそも加害企業が謝罪し、償いのためのお金を支払うなどして問題を解決することは、日本の司法も促していることでもあります。

　今回の韓国人被害者らが日本で三菱重工業や新日本製鉄（現・日本製鉄）を訴えた裁判では、裁判所は「時効」「別会社」等を理由に原告の請求は棄却しました。しかし、被害者の受けた被害事実（強制連行、強制労働）は認定し、不法行為請求権が発生すること自体は確認しました。

　また、中国人強制連行被害者が西松建設を訴えた裁判では、最高裁は日中

共同声明（1972 年）で戦争賠償は放棄されており、サンフランシスコ条約（1952 年）の枠組みで個人の請求権は残っているものの、裁判上訴求する権能は失われたとして原告の訴えを退けました。しかしその判決の付言で、強制連行・強制労働の被害者に対し、企業と関係者（国を示唆）は自発的に補償するなどして解決すべきだと勧告しました（2007 年 4 月 27 日）。西松建設はこの付言に従って、中国人被害者への補償金の支払いや慰霊碑の建立などを行うことで和解しました。

日韓請求権協定も日中共同声明と同じくサンフランシスコ条約に依拠する協定です。西松建設訴訟最高裁判決で示された付言は、日韓の間でも妥当します。日本政府は、日韓請求権協定で「完全かつ最終的に解決」済み、個人請求権に基づく請求に応じる義務はなくなったと言いますが、韓国人の強制連行・強制労働の被害者に対しても、企業と国は自発的に補償するなどして解決すべきなのです。

ところが日中間の問題では当事者間の解決を妨げなかった日本政府が、韓国の被害者との問題では企業が自発的な解決をすることに介入し、妨害しています。これは、日本政府の韓国に対する植民地主義継続の表れと言うほかありません。

国連総会は 1960 年 12 月 14 日、「植民地と人民に独立を付与する宣言」を採択しました（決議 1514（XV））。同宣言は、「外国による人民の征服、支配および搾取は基本的人権を否認するもので、国連憲章に違反し、世界平和と協力の促進にとっての障害である」と述べました。2001 年のダーバン宣言は、「植民地主義によって苦痛がもたらされ、植民地主義が起きたところはどこであれ、いつであれ、非難され、その再発は防止されねばならない」ことを確認しました。

今日の国際社会では、植民地主義は誤ったものであり、克服されなければならないものと認識されているのです。ところが今回、日本政府の取っている対応は、朝鮮半島を植民地支配したことを現時点でも正当なものであったことを前提とするものであり、韓国国民の尊厳をも損なっています。強制連

行・強制労働の被害者、そして植民地支配の被害者である韓国国民、彼らの尊厳を損なうような「解決」はあり得ません。「被害者不在では解決にならない」のです。

　日本が韓国との関係を改善していくためには、過去の植民地支配が正当であったとの歴史認識を改め、韓国人の被害者の尊厳を損なわない解決を目指すべきです。

2023 年 3 月 30 日

〔声明発出者〕

足立修一（弁護士）・阿部浩己（明治学院大学教授）・庵逧由香（立命館大学教授）・伊地知紀子（大阪公立大学教授）・岩月浩二（弁護士）・内河恵一（弁護士）・内田雅敏（弁護士）・宇都宮健児（弁護士・元日弁連会長）・太田修（同志社大学教授）・大森典子（弁護士）・奥村秀二（弁護士）・加藤圭木（一橋大学准教授）・海渡雄一（弁護士）・清末愛砂（室蘭工業大学大学院教授）・具良鈺（弁護士）・在間秀和（弁護士）・高橋哲哉（東京大学名誉教授）・張界満（弁護士）・戸塚悦朗（弁護士）・外村大（東京大学教授）・中沢けい（小説家・法政大学教授）・飛田雄一（神戸学生青年センター理事長）・前田朗（東京造形大学名誉教授）・宮下萌（弁護士）

【資料 7】

安重根外三名に対する判決

（外務要報第 12 号、外務大臣官房、明治 43 年 3 月 31 日、101-113 頁
https://www.jacar.archives.go.jp/aj/meta/listPhoto?LANG=default&BID=F2013090
216110010414&ID=M2013090216110110424&REFCODE=B13080611200
2022 年 12 月 5 日閲覧。なお、カタカナを平仮名に、旧字を当用漢字に直すほか、句読点を付すなど、筆者の判断で読みやすく修正している）

安重根外三名に対する判決

　　　　判　　決

　　　　　　韓国平安道鎮南浦　無職　安応七事
　　　　　　　　　　　　　　　　安　重　根
　　　　　　　　　　　　　　　　　三十二年

（中略）

　右四名に対する殺人被告事件に付き本院は審理を遂げ判決すること左の如し。

　　　　主　　文

　　　　被告安重根を死刑に処す。

（中略）

　　　　理　　由

　被告安重根は明治四十二年十月二十六日午前九時過ぎ露国東清鉄道ハルビン停車場内に於いて枢密院議長公爵伊藤博文並びに其の随行員を殺害するの意思を以って之にめがけ其の所有に係る拳銃を連射しその三弾は公爵に中りて之を死に致し又随行員たるハルビン総領事川上俊彦宮内大臣秘書官森泰次郎南満州鉄道株式会社理事田中清次郎には各一弾命中し其の手足又は胸部に銃創を負わしめたるも三名に対しては被告の目的を遂げざりしものなり。

（中略）

　以上認定したる被告等の犯罪事実に付き法律を適用するに当たりては先づ本件に関し本院が法律上正当管轄権を有することを説明せざるべからず。本件の犯罪地及び被告人の逮捕地は共に清国の領土なりと雖も露国東清鉄道附属地にして露国政府の行政治下に在り。然れども本件記録に添付せる露国政府の廻送に係る同国国境地方裁判所刑事訴訟記録によれば露国官憲は被告を逮捕したる後直ちに被告を審問し、しかも迅速に証拠の蒐集を為したる上即

154

日被告等は何れも韓国に国籍を有すること明白なりとし、露国の裁判に附すべからざるものと決定したり。而して明治三十八年十一月十七日締結せられたる日韓協約第一条によれば日本国政府は在東京外務省に由り今後韓国の外国に対する関係及び事務を監理指揮すべく日本国の外交代表者及び領事は外国に於ける韓国の臣民及び利益を保護すべしとあり、又光武三年九月十一日締結せられたる韓清通商条約第五款には韓国は清国内に於いて治外法権を有することを明記せるを以って、右犯罪地及逮捕地を管轄するハルビン帝国領事官は明治三十二年法律第七十号領事官の職務に関する法律の規定する所に従い本件被告等の犯罪を審判するの権限あるものと謂わざる可からず。然るに明治四十一年法律第五十二号第三条には満州に駐在する領事官の管轄に属する刑事に関し国交上必要あるときは外務大臣は関東都督府地方法院をして其の裁判を為さしむることを得と規定しあり。本件に在りては外務大臣は此の規定に基づき明治四十二年十月二十七日本院に裁判を移す旨を命令したるものなれば、即ち其の命令は適法にして之に依り本院が本件の管轄権を有すること亦明白なりとす。

　被告弁護人は日本政府が前顕日韓協約第一条に依り外国にある韓国臣民を保護するは固と韓国政府の委任に因るものなるを以って、領事官は韓国臣民の犯したる犯罪を処罰するに当たりても宜しく之に韓国政府の発布したる刑法を適用す可く帝国刑法を適用すべきものにあらずと論ずるも、日韓協約第一条の趣旨は日本政府が其の臣民に対して有する公権作用の下に均しく韓国臣民をも保護するに在るものと解釈すべきに依り、公権作用の一部に属する刑事法の適用に当り韓国臣民を以って帝国臣民と同等の地位に置き其の犯罪に帝国刑法を適用処断するは最も協約の本旨に協ひたるものと謂わざる可らず。故に本院は本件の犯罪には帝国刑法の規定を適用すべきものにして韓国法を適用すべからざるものと判定す。

　案ずるに被告安重根の伊藤公爵を殺害したる所為は帝国刑法百九十九条に人を殺したる者は死刑又は無期若しくは三年以上の懲役に処すとあるに該当し、・・・・・即四個の殺人罪の併合したるものとす。然るに其中被告が伊藤

公爵を殺害したる行為たるや其の決意私憤に由るものにあらずと雖も、深謀遠慮に出で且つ厳粛なる警護を犯し全都知名人士の集合せる場所に於いて敢行したるものなれば、之に殺人罪の極刑を科するを以て至当なりと認め此の所為に依り被告安重根を死刑に処すものとす。・・・・・

（中略）

以上の理由に因り主文の如く判決す。

検察官溝渕孝雄本件に干与す。

明治四十三年二月十四日

関東都督府地方法院

判　官　　眞鍋十蔵

書　記　　渡邊良一

【資料８】

韓国歴史研究院編『石梧歴史資料集２：安重根ハルビン義挙』大学社、2021年添付 CD（別冊）倉知政務局長旅順へ出張中発受書類第１巻（0045L-0047R）

東京発十一月八日後一時十分
？旅順着　　〃　　後三時七分

石井外務次官

倉知政務局長

第三号

貴電第三号に関し清国に於ける韓国人は韓国が日本の保護国となりたる結果帝国の法権の下に立つに至りたるが故にその犯罪の刑法第一条に所謂帝国内に於ける犯罪と見做し当然帝国刑法を適用すべき義と思考す刑法第一条第二条第三条に所謂帝国内外の区別は原則として帝国領土内外の区別を指すものなるも帝国が治外法権を有する国は帝国臣民に関しては刑法の適用上帝国の

領土と同視すべきものと解釈せられ司法省とも協議の上其旨昨年八月各領事に訓令しあり帝国の法権の下に立つ韓国人も帝国臣民と同一の地位にあるものなるが故に斉しく右の解釈に依り差支えなかるべく随て清国に於ける韓国人は刑法三条に列記せる犯罪に限らず其他一切の犯罪に付帝国刑法の適用を受くるものと解す

【資料9】

YEARBOOK OF THE INTERNATIONAL LAW COMMISSION, 1963 Volume II, UN Documents of the fifteenth session including the report of the Commission to the General Assembly, p.197.

(11) Paragraph 4, in order to prevent any misunderstanding, takes up a point which was the subject of articles 26 and 27, namely, errors not as to the substance of a treaty but as to the wording of its text. The present paragraph merely underlines that such an error does not affect the validity of articles 26 and 27 relating to the correction of errors in the texts of treaties.

Article 35. — Personal coercion of representatives of States

1. If individual representatives of a State are coerced, by acts or threats directed against them in their personal capacities, into expressing the consent of the State to be bound by a treaty, such expression of consent shall be without any legal effect.

2. Under the conditions specified in article 46, the State whose representative has been coerced may invoke the coercion as invalidating its consent only with respect to the particular clauses of the treaty to which the coercion relates.

Commentary

(1) There appears to be general agreement that acts of coercion or threats applied to individuals with respect to their own persons or in their personal capacity in order to procure the signature, ratification, acceptance or approval of a treaty will necessarily justify the State in invoking the nullity of the treaty.[51] History provides a number of instances of the alleged employment of coercion against not only negotiators but members of legislatures in order to procure the signature or ratification of a treaty. Amongst those instances the Harvard Research Draft lists:[52] the surrounding of the Diet of Poland in 1773 to coerce its members into accepting the treaty of partition; the coercion of the Emperor of Korea and his ministers in 1905 to obtain their acceptance of a treaty of protection; the surrounding of the national assembly of Haiti by United States forces in 1915 to coerce its members into ratifying a convention. It is true that in some instances it may not be possible to distinguish completely between coercion of a Head of State or Minister as a means of coercing the State itself and coercion of them in their personal capacities. For example something like third-degree methods of pressure were employed in 1939 for the purpose of extracting the signatures of President Hacha and the Foreign Minister of Czechoslovakia to a treaty creating a German protectorate over Bohemia and Moravia, as well as the gravest threats against their State. Nevertheless, the two forms of coercion, although they may sometimes be combined, are, from a legal point of view, somewhat different; and the Commission has accordingly placed them in separate articles.

(2) The present article deals with the coercion of the individual representatives "in their personal capacities". This phrase is intended to cover any form of constraint of or threat against a representative affecting him as an individual and not as an organ of his State. It would therefore include not only a threat to his person, but a threat to ruin his career by exposing a private indiscretion, as would also a threat to injure a member

[51] McNair, *op. cit.*, pp. 207-209.
[52] Harvard Law School, *op. cit.*, pp. 1155-1159.

of the representative's family with a view to coercing the representative.

(3) The Commission gave consideration to the question whether coercion of a representative, as distinct from coercion of the State, should render the treaty *ipso facto* void or whether it should merely entitle it to invoke the coercion as invalidating its consent to the treaty. It concluded that the use of coercion against the representative of a State for the purpose of procuring the conclusion of a treaty would be a matter of such gravity that the article should provide for the absolute nullity of a consent to a treaty so obtained.

(4) On the other hand, if the coercion has been employed against a representative for the purpose of extracting his assent to particular clauses only of a treaty and these clauses are separable from the rest of the treaty under the conditions specified in article 46, it seems logical that the injured party should have the right, if it wishes, to treat the coercion as invalidating its consent to those clauses alone. Otherwise, the injured party might be obliged to waive the coercion of its representative with respect to part of the treaty in order not to lose the benefit of the remainder of the treaty.

Article 36. — Coercion of a State by the threat or use of force

Any treaty the conclusion of which was procured by the threat or use of force in violation of the principles of the Charter of the United Nations shall be void.

Commentary

(1) The traditional doctrine prior to the Covenant of the League of Nations was that the validity of a treaty was not affected by the fact that it had been brought about by the threat or use of force. However, this doctrine was simply a reflection of the general attitude of international law during that era towards the legality of the use of force for the settlement of international disputes. With the Covenant and the Pact of Paris there began to develop a strong body of opinion which advocated that the validity of such treaties ought no longer to be recognized. The recognition of the criminality of aggressive war in the Charters of the Allied military tribunals for the trial of the Axis war criminals, the clear-cut prohibition of the threat or use of force in Article 2, paragraph 4, of the Charter of the United Nations, together with the practice of the United Nations itself, have reinforced and consolidated this opinion. The Commission considers that these developments justify the conclusion that the invalidity of a treaty procured by the illegal threat or use of force is a principle which is *lex lata* in the international law of today.

(2) Some authorities, it is true, while not disputing the moral value of the principle, have hesitated to accept it as a legal rule. The arguments are that to recognize the principle as a legal rule may open the door to the evasion of treaties by encouraging unfounded assertions of coercion and that the rule will be ineffective because the same threat or compulsion that procured the conclusion of the treaty will also procure its execution, whether the law regards it as valid or invalid. Important though it may be not to overlook the existence of these difficulties, they do not appear to the Commission to be

戸塚悦朗著文献リスト

1905 年 11 月 17 日付「日韓協約」の不存在及び
安重根義軍参謀中将裁判の不法性

（論文）

1. 「統監府設置 100 年と乙巳保護条約の不法性――1963 年国連国際法委員会報告書をめぐって――」『龍谷法学』39 巻 1 号、2006 年、15-42 頁。

2. 「安重根裁判の不法性と東洋平和」『龍谷法学』42 巻 2 号、2009 年、1-27 頁。　https://mylibrary.ryukoku.ac.jp/iwjs0005opc/TD00069008

3. 「最終講義に代えて――「韓国併合」100 年の原点を振り返る――1905 年「韓国保護条約（？）」は捏造されたのか」『龍谷法学』42 巻 3 号、2010 年、311-336 頁。（「韓国併合」100 年市民ネットワーク編『今、「韓国併合」を問う〜強制と暴力・植民地支配の原点〜』アジェンダ・プロジェクト、2010 年、45-65 頁に、「1905 年「韓国保護条約（？）」は捏造だったのか）として転載）
https://mylibrary.ryukoku.ac.jp/iwjs0005opc/TD00070024

4. 「東アジアの平和と歴史認識――安重根東洋平和論宣揚の必要性をめぐって」『龍谷法学』、45 巻 3 号、2012 年、957-993 頁。
https://mylibrary.ryukoku.ac.jp/iwjs0005opc/TD00373001

5. 「龍谷大学における安重根東洋平和論研究の歩み：100 年の眠りからさめた遺墨（上）」、龍谷大学社会科学研究所社会科学年報第 44 号、2014 年 5 月、57-66 頁。
https://mylibrary.ryukoku.ac.jp/iwjs0005opc/TD00493015

6. 「龍谷大学における安重根東洋平和論研究の歩み：100 年の眠りからさめた遺墨（下）」、龍谷大学社会科学研究所社会科学年報第 44 号、2014 年 5 月、67-78 頁。
https://mylibrary.ryukoku.ac.jp/iwjs0005opc/TD00493010

（著書）

7. 『「徴用工問題」とは何か？──韓国大法院判決が問うもの』明石書店、2019年10月、1-209頁。

8. 『歴史認識と日韓の「和解」への道──徴用工問題と韓国大法院判決を理解するために』日本評論社、2019年11月、1-248頁。

9. 『日韓関係の危機をどう乗り越えるか？──植民地支配責任のとりかた』アジェンダ・プロジェクト、2021年4月、1-69頁。

あとがき

　今から 120 年前のことである。大韓帝国の首相に面会した F.A.マッケンジーは、「李容翊首相は、日本軍上陸の一、二日前、私自身との対談の中で、韓国はロシアと日本の間のいかなる紛争にも関係しない、という彼自身の確信を言明した。すなわち、『ロシアと日本は戦うがいい、韓国は彼らの戦いになんらの加担もするつもりはない。わが韓国皇帝は中立の宣言を発せられた。われわれはそれにとどまるであろう。もしもわれわれのこの中立が破られたならば、諸強大国は求められずして行動を開始し、われわれを守ってくれるであろう』と言ったのである。」と報告している[1]。

　なぜ大韓帝国の高宗皇帝とその政府は、このような確信を持っていたのだろうか？　中立政策は、研究にも値しないほど不合理な外交政策だったのだろうか？　中立政策は、国際法によって認められていなかったのだろうか？大日本帝国は、なぜ戦時国際法（中立国領土の不可侵原則）を破って大韓帝国の領土を占領してしまったのか？　結局、この国際法の無視こそが大日本帝国の破滅への道の入り口だったのにもかかわらず、なぜ国際法違反を侵したのだろうか？　なぜ今日でもこのことに正面から向き合うことができないのだろうか？

　いまこそ、これらの問題に真剣に取り組むことが必要である。これらの問いに答えようとする研究は、未だ十分ではない。本書は、このような問いに答えるための筆者の研究成果を報告している。

　大日本帝国が、1904 年 1 月 21 日に中立宣言をした主権国家大韓帝国に大

---

[1]　F.A.マッケンジー著・渡辺学訳注『朝鮮の悲劇』平凡社 1972 年、106-107 頁。
　　F.A.マッケンジー著・韓哲曦訳『義兵闘争から三一独立運動へ』太平出版社 1972
　　年、69-70 頁にも同様の報告がある。マッケンジーは、スコットランド系カナダ
　　人で、1900 年から 1914 年までは、ロンドン・デイリーメイルの、1921 年から
　　1926 年までは、シカゴ・デイリーニュースの記者だった。義兵闘争の現地調査で
　　著名である。

軍を送り、その領土への侵略を開始したのは同年2月8日のことだった。この戦時国際法に違反する「不法強占」が始まったのは、120年前のことである。しかし、このような国際法に違反する侵略政策は避けることができたのではないだろうか。もし、大日本帝国政府自身が検討していた井上毅による「朝鮮政略意見書」（第4章を参照）を想起して、大韓帝国による局外中立宣言を歓迎していれば、日露戦争は避けることができたのである。

　歴史がそのようなプロセスをたどらなかったのには、理由があるだろう。日本の支配層の間では、欧米列強に対しては国際法を誠実に遵守するのに、アジアの軍事的弱小国（朝鮮、清）に対しては国際法に違反する侵略をも辞さないという国際法上のダブルスタンダード[2]が当然とされていたからではないだろうか？

　今日でも国際法違反の武力行使はなくなっていない。最近の世界情勢を見るにつけ、国際法としての中立法規と中立政策については、今日でも真剣に研究に取り組む必要があると痛感する。

　ロシアの安全保障の上で、米国を中心とする軍事同盟 NATO との間に緊張関係が続いていたことは否定できない。ロシアの北西の長い国境が中立政策をとっていた北欧二カ国（フィンランドとスウェーデン）に接していたことは、緊張緩和に大きく貢献していたに違いない。ところが、ロシア西方の友好国ウクライナで政権交代が起こり、NATO に接近する動きを見せたことから、緩衝地帯が無くなることを怖れたプーチン大統領が強い危機感を持ったこともある程度理解可能である。

　120年前の大日本帝国とロシア帝国の間に位置していた大韓帝国と現代のウクライナの状況が重なって見えるような気がする。

　戦争の放棄を約束した不戦条約（1928年）は、

2　吉田松陰の教え参照。吉野誠『東アジア史のなかの日本と朝鮮——古代から近代まで——』明石書店 2004年、205-206頁。吉田松陰は、「欧米との条約は守り、不平等条約のもと経済関係で失った分は、朝鮮や満州への領土拡張で取り戻そう」と唱えた。

第二条　　締約国ハ相互間ニ起コルコトアルベキ一切ノ紛争又ハ紛
　　議ハ其ノ性質又ハ起因ノ如何ヲ問ハズ平和的手段ニ依ルノ外之ガ処
　　理又ハ解決ヲ求メザルコトヲ約ス

と定めていた。だから、ロシアは外交交渉など平和的手段によって紛争を処
理する国際法上の義務があった。ところが、不戦条約どころか、ヘルシンキ
合意も、欧州評議会も、国連も、その他の地域的な国際枠組みもすべての国
際法を無視して、国連安全保障理事会の承認を得ることなく、プーチン大統
領は、2021年2月ロシア軍にウクライナに対する一方的な侵攻（特別軍事
作戦）を命じた。

　これは、独立国ウクライナの主権を不法に侵害する国連憲章違反の軍事行
動である。国際司法裁判所による即時停戦命令に触れるまでもなく、ロシア
が国際法に違反していることは疑いがない。

　だが、なぜこのようなことが起きたのか？　という問題に答えなければな
らない。

　数日で決着をつけようとしたのに、ロシア軍は2年経ってもウクライナ全
土を占領し屈服させることに成功していない。そのうえ、この軍事行動を始
めたロシアの目的が NATO の拡大に対する安全保障上の対応策であったと
するなら、それは大きな失敗だった。この軍事行動を契機にして、これまで
長い間中立国だったフィンランドも、スウェーデンも国是だった中立政策を
放棄し、この2年の間に NATO に加盟してしまった。

　なぜ、このように国際法違反が繰り返されるのであろうか？　今日の問題
を検討するためにも、120年前の問題を深く研究する必要がある。大日本帝
国が当然のように持っていた国際法上のダブルスタンダードをロシアのプー
チン大統領も、当然のように持っているのではないか？　「弱小な」ウクラ
イナ相手であれば、米国のような核大国とは違って、国際法を無視してもか
まわないと考えているのではないだろうか？　このまま推移すれば、大韓帝

国への不法な侵略を開始し、最後は対米英戦争まで突き進んで、第2次世界大戦を起こした大日本帝国と同じような運命をたどることになるのではないだろうか。

本書は、多くの貴重な研究成果を踏まえて書かれた。拙著『歴史認識と日韓の「和解」への道』（日本評論社）が2019年に出版された。本書は、その続編に位置づけられる。これまでの筆者の研究は、「韓国併合」100年市民ネットワーク、龍谷大学社研安重根東洋平和研究センター、立命館大学韓国研究センターをはじめとして、多くの市民と研究者のご支援とご協力に負うところが大である。昨年2023年12月15日には、韓国の高麗大学で開催された国際学会[3]で、筆者は本書のエッセンスを英語によって報告させていただくことができた。特にお名前を挙げることはしないが、これらすべての関係者の皆様にご協力をいただいたことを、深く感謝申し上げます。

本書が歴史的事実とその国際法上の評価に焦点にあてている1904年1月21日の大韓帝国による局外中立宣言については、中塚明（奈良女子大）名誉教授による指摘があるとのことだが、残念ながら本書を脱稿したのちに知った。極めて重要な先行研究であるにもかかわらず、そこまで筆者の研究が及んでいなかった。今後の研究課題としたい。

インターネット情報[4]からの孫引きになるが、中塚名誉教授は、「韓国政府はフランス領事らの協力で、戦時局外中立宣言を電報で世界に届け、この戦争（日露戦争）にはかかわらないという態度をとりました。中立となると日

---

[3] Etsuro Totsuka, <u>Unlawfulness of Japan's Colonization of Korean Peninsula--Korea's Declaration of January 21, 1904 and Japan's Violation of International Law</u>—, The Fifth Conference on the "Beyond the San Francisco System", December 15, 2023, The venue: Choi Jong-Hyun Hall, Korea University.

[4] 新聞「赤旗」2014年9月23日(火) 2014 とくほう・特報「日本の侵略戦争 第3回「韓国併合」と植民地支配（上）独立奪った日本軍の大弾圧」 https://www.jcp.or.jp/akahata/aik14/2014-09-23/2014092303_01_0.html 2024年6月6日閲覧。

本は韓国で自由に軍隊を動かすことができなくなる。そこで日本は、日露戦争開戦と同時に、首都・漢城（ソウル）を占拠して、日本が政治全般の『忠告』をする『日韓議定書』を強要した。こうして朝鮮半島が日本軍の占領下に置かれたのです」と述べているとのことである。

　今後、日本の歴史学者と法律家が十分な共同研究を進める必要があるのではないだろうか。

　最後に、本書の編集出版に多大のご努力をいただいたアジェンダ・プロジェクトの谷野隆氏に深く感謝申し上げる次第です。

戸塚悦朗（とつか・えつろう）

1942 年静岡県生まれ。

現職：弁護士（2018 年 11 月再登録）。英国王立精神科医学会名誉フェロー。日中親善教育文化ビジネスサポートセンター顧問。龍谷大学社会科学研究所附属安重根東洋平和研究センター客員研究員。第二東京弁護士会人権擁護委員会委員。日本弁護士連合会人権擁護委員会委員。

教育歴等：理学士・法学士（立教大学）。法学修士（LSE・LLM）。博士（立命館大学・国際関係学）。

職歴：1973 年 4 月第二東京弁護士会及び日本弁護士連合会入会（2000 年 3 月公務就任のため退会）。薬害スモン訴訟原告代理人を務めた。1984 年以降、国連ヒューマンライツ NGO 代表として国際的ヒューマンライツ擁護活動に従事。国連等国際的な舞台で，精神障害者等被拘禁者のヒューマンライツ問題，日本軍「慰安婦」問題などのヒューマンライツ問題に関わり続けてきた。2000 年 3 月神戸大学大学院（国際協力研究科助教授）を経て、2003 年 4 月龍谷大学（法学部・法科大学院教授。2010 年定年退職）。1988 年以降現在までの間、英国、韓国、米国、カナダ、フィンランドの大学で客員研究員・教員を歴任。

※単行本化するにあたって誤字・脱字等の訂正の他、重複する部分など、一部を編集しています。

韓半島植民地支配の不法性
──大韓帝国中立宣言と「不法強占」──

2024 年 6 月 26 日　第 1 版第 1 刷発行
　　　　7 月 18 日　　　　第 2 刷発行

著者　　戸塚悦朗

発行　　アジェンダ・プロジェクト
　　　　〒601-8022　京都市南区東九条北松ノ木町 37 - 7
　　　　TEL・FAX 075-822-5035　　E-mail　agenda@tc4.so-net.ne.jp
　　　　URL　https://agenda-project.com/　　郵便振替　00980-4-243840

発売　　星雲社（共同出版社・流通責任出版社）
　　　　〒112-0005 東京都文京区水道 1-3-30
　　　　TEL 03-3868-3275　　　　FAX 03-3868-6588

印刷　　㈱コミュニティ洛南　〒601-8449　京都市南区西九条大国町 26

ISBN978 - 4 - 434 - 34002 - 4

──アジェンダ・プロジェクトの出版物──

日韓関係の危機をどう乗り越えるか？─植民地支配責任のとりかた─

戸塚悦朗 著　　　2021 年 4 月 25 日発行　　　A5 判　　　70 ページ

定価 660 円（本体 600 円+税 10%）

現代日韓 60 年史──朝鮮停戦体制を終戦・平和へ

青柳純一 著　　　2023 年 7 月 27 日発行　　　A5 判　　　150 ページ

定価 1,320 円（本体 1,200 円+税 10%）

〔電子書籍〕　時代の曲がり角で　Vol. 1　Vol. 2

康玲子 著　　　Amazon Kindle で 2022 年 4 月 16 日より発売

各号　Kindle 価格 1,100 円

※2023 年 11 月より Amazon のオンデマンドプリントでペーパーバックも購入できるようになりました。ペーパーバック版　定価 1,650 円

沖縄戦に動員された朝鮮人──軍人・軍属を中心にして──

沖本富貴子 編著　　　2020 年 9 月 7 日発行　　　A4 判　　　60 ページ

頒価　1,200 円

※本書は書店では販売しておりません。ご希望の方はアジェンダ・プロジェクトの HP よりご注文をお願いいたします。メール・電話・Fax でのご注文も承ります。

季刊『アジェンダ　未来への課題』　朝鮮・東アジア関連特集号

A5 判　　　96〜104 ページ　　　各号 定価 660 円（本体 600 円+税 10%）

81 号（2023 年夏号）　特集　朝鮮・東アジアの平和のために

78 号（2022 年秋号）　特集　9 条改憲は何をもたらすのか？

75 号（2021 年冬号）　特集　レイシズムと入管体制に抗して

74 号（2021 年秋号）　特集　「戦争準備」にひた走る自衛隊

67 号（2019 年冬号）　特集　日本と韓国〜気付くべき過去と築くべき未来